Badeeah Hassan Ahmed
mit Susan Elizabeth McClelland

EINE HÖHLE IN DEN WOLKEN

Badeeah Hassan Ahmed
mit Susan Elizabeth McClelland

EINE HÖHLE IN DEN WOLKEN

Dem IS entkommen

Aus dem kanadischen Englisch
von Ann Lecker

Bei diesem Buch wurden die durch das verwendete Material und die
Produktion entstandenen CO^2-Emissionen ausgeglichen, indem der
cbj-Verlag ein Projekt zur Aufforstung in Brasilien unterstützt.
Weitere Informationen zu dem Projekt unter:
www.ClimatePartner.com/14044-1912-1001

Verlagsgruppe Random House
FSC® N001967

Canada Council   Conseil des arts
for the Arts   du Canada

We acknowledge the support of the Canada Council for the Arts.
Nous remercions le Conseil des arts du Canada de son soutien.
Wir bedanken uns für die Übersetzungsförderung des Canada Council for the Arts.

Die Übersetzerin dankt dem EÜK und der Kunststiftung NRW
für die freundliche Unterstützung.

Unterrichtsmaterialien zu diesem Buch sind erhältlich unter www.schullektuere.de.

1. Auflage 2020
Deutsche Erstausgabe Oktober 2020
© 2019 Badeeah Hassan Ahmed mit Susan Elizabeth McClelland (Text)
© 2019 Nafiya Naso (Vorwort)
Die Originalausgabe erschien unter dem Titel »A Cave in the Clouds«
bei Annick Press Ltd, Toronto.
© 2020 für die deutschsprachige Ausgabe
cbj Kinder- und Jugendbuchverlag in der Verlagsgruppe Random House GmbH,
Neumarkter Str. 28, 81673 München
Alle deutschsprachigen Rechte vorbehalten
Aus dem kanadischen Englisch von Ann Lecker
Lektorat: Christina Neiske
Umschlaggestaltung: Suse Kopp, Hamburg, unter Verwendung eines Fotos von
© Arcangel / Elisabeth Ansley
Das Foto (© privat) auf der gegenüberliegenden Seite zeigt
Badeeahs Haus in Kodscho nach dem IS-Angriff 2014.
Karten auf S. 18/19: © pop_jop / iStockphoto.com modifiziert von Paul Covello
kk · Herstellung: AS
Satz: Uhl + Massopust, Aalen
Druck: GGP Media GmbH, Pößneck
ISBN 978-3-570-31370-1
Printed in Germany

www.cbj-verlag.de
Dieses Buch ist auch als E-Book erhältlich.

Für Adlan
und meine Familie,
Kodscho und
das jesidische Volk

Inhalt

Vorwort

Das jesidische Volk ist eine ethnisch-religiöse Minderheit im Nahen Osten, deren Hauptsiedlungsgebiet im nördlichen Irak liegt. Die Jesiden sprechen Kurmandschi, eine kurdische Sprache, und gehören einer monotheistischen Religion an, in der sich ein ganzes Spektrum an Lehren und religiösen Überzeugungen verschiedenster anderer Religionen widerspiegelt, unter anderem des gnostischen Christentums, des Judaismus, des sufistischen Islams und des Zoroastrismus. Statt formeller Zeremonien beinhaltet ihre Religionsausübung vor allem den Besuch heiliger Orte. Jesiden feiern Taufen und Festtage, singen Loblieder und tragen Geschichten vor. Manche Geschichten handeln von historischen und mythischen Schlachten, die zur Verteidigung ihrer Religion geschlagen wurden. Andere, über Jahrhunderte hinweg von Generationen von Frauen überliefert, erläutern ausführlich Formen des Widerstands gegen die gleichen Bedrohungen, denen jesidische Frauen auch heutzutage ausgesetzt sind. Die Jesiden glauben, dass sie allein von Adam abstammen, dass Engel über die Welt wachen, dass Wiedergeburt möglich ist und dass es keinen Unterschied zwischen Himmel und Hölle gibt. Da diese Überzeugungen erheblich von anderen Religionen abweichen, gerieten die Jesiden im Laufe der Geschichte immer wieder ins Visier der muslimischen Herrscher ihrer Region, die sie verfolgten und von ihnen verlangten, zum Islam überzutreten. Jesiden sind als »Teufelsanbeter«, »Ungläubige« und »Gottlose« verleumdet worden. Diese Verleumdungen werden seit Jahrhunderten als Rechtfertigung benutzt, jesidische Gemeinden zu zerstören, und entfremdeten die Jesiden von anderen Gruppen. An den Jesiden wurden vierundsiebzig Genozide verübt, die sie alle überlebt haben.[1]

Zwangsumsiedlungen unter Saddam Hussein, der von UN-Sanktionen verursachte wirtschaftliche Kollaps des Irak, der Zusammenbruch von Staat und Sicherheitsapparat nach der Invasion unter Führung der USA 2003 sowie die darauffolgenden politischen Misserfolge führten in jüngster Vergangenheit zur Verschlechterung der Situation der Jesiden. Im Irak leben heute etwa 500.000 Jesiden, hauptsächlich im Distrikt Sindschar in der Provinz Ninive im Norden des Landes. Die syrischen und türkischen Jesi-

---

1   Kanada. Parlament. Unterhaus. Migrationsausschuss (2016). *Aussage.* 24. Bericht. 42. Parlament, 1. Sitzung. Verfügbar: www.ourcommons. ca/DocumentViewer/en/42-1/CIMM/meeting-24/evidence

den sind größtenteils in Nachbarländer oder nach Europa geflohen.

Der »Islamische Staat« im Irak und Syrien (auch bekannt als IS und unter der arabischen Abkürzung Daesch) startete im August 2014 einen gezielten Angriff auf das jesidische Volk im Irak. Die vom IS organisierte systematische sexuelle Gewalt gegen jesidische Frauen und Mädchen begann sofort. Die meisten Frauen und Mädchen wurden in Zellen gesperrt, in denen sie sexuelle Übergriffe mit ansehen mussten und am eigenen Leib erfuhren, wenn IS-Kämpfer Frauen gegen ihren Willen als Partnerinnen »auswählten« oder sie in die sexuelle Sklaverei verkauften. Sie wurden wie Eigentum behandelt, nach Aussehen beurteilt und dann innerhalb eines ausgedehnten Netzwerks von IS-Kämpfern in ganz Irak und Syrien erworben, verkauft, getauscht und verschenkt. Untersuchungen der UN zeigen auf, welchen hohen emotionalen und psychologischen Preis diese Frauen selbst nach ihrer Flucht oder Befreiung aus IS-Gefangenschaft bezahlen. Noch Jahre später gelten Frauen und Mädchen als die gefährdetste Bevölkerungsgruppe unter den jesidischen Flüchtlingen.

Viele Jesidinnen hoffen immer noch auf den Tag, an dem sie in einem offiziellen Verfahren aussagen können, um den IS für seine Verbrechen gegen die Menschlichkeit zur Rechenschaft zu ziehen. Ein anonymes Opfer sagte: »Es sind jetzt vier Jahre vergangen. Wir wollen alles festhalten, was passiert ist, damit es als Beweismittel verwendet werden kann. Wir warten.«[2] Indem sie ihre Geschichte erzählt und die Erfahrungen jesidischer Frauen der Öffentlichkeit bekannt macht, beteiligt sich Badeeah aktiv an diesem lange ersehnten Austausch- und Heilungsprozess und offenbart, was sie seit dem ersten Augenblick, als ihr Dorf angegriffen wurde, im Herzen trägt.

Jesidinnen sind keine archetypischen Opfer oder Heldinnen. Sie sind Individuen, die, auch wenn grauenhafte Verbrechen an ihnen verübt wurden, aktiv für ihren Schutz und ihr Überleben gekämpft und so letztendlich ihren Peinigern die Stirn geboten haben. Badeeahs Mutter Adlan spricht ihr während ihrer Gefangenschaft Mut zu: »Bewege dich immer auf das Licht zu. Lass die Dunkelheit nicht herein. Halt an der Liebe fest, damit die Dunkelheit irgendwann vertrieben wird.« Gemeinsam sorgen jesidische Frauen und Mädchen weiterhin für den Erhalt ihrer Religion, vermitteln ihren Kindern und Gemeinden, stolz auf sich zu sein, und setzen sich für unterdrückte Völker überall auf der Welt ein. Gemeinsam werden wir die Dunkelheit vertreiben.

---

2   Marczak, Nikki. »All the Survivors Have a Book inside Their Hearts.« (Alle Überlebenden tragen ein Buch in ihrem Herzen) *SBS World News Online*, SBS, 3. August. 2018, www.sbs.com.au/topics/life/culture/article/2018/08/01/all-survivors-have-book-inside-their-hearts

– Nafiya Naso, Gründerin des kanadischen Jesidenverbands
und Gründungsmitglied der Initiative »Operation Ezra«

Die Initiative »Operation Ezra« wurde ins Leben gerufen,
um die schwierige Lage des jesidischen Volkes im Nahen Osten stärker ins öffentliche Bewusstsein zu rücken und Spen-
dengelder für Bürgschaften zu sammeln, damit jesidische
Flüchtlingsfamilien sich in Winnipeg, Kanada, niederlassen können. Bislang hat die Initiative Dutzenden jesidischer
Flüchtlinge bei der Umsiedlung geholfen. Dieses Projekt
wurde von der jüdischen Gemeinde in Winnipeg angestoßen
und schließt mittlerweile Menschen aus allen Gesellschafts-
schichten ein.

Anmerkung der Autorinnen

Badeeah Hassan Ahmed und die Schriftstellerin Susan Elizabeth McClelland lernten sich im Sommer 2016 kennen. Damals sollte Susan für die Zeitschrift *Marie Claire* UK eine Reportage über eine Überlebende des Völkermords an den Jesiden schreiben. In Zusammenarbeit mit der Übersetzerin Sozan Fahmi machte sich Susan auf die Suche nach Frauen, die bereit wären, ihre Geschichte zu erzählen. Badeeahs Geschichte hob sich von allen anderen bisher veröffentlichten Presseberichten ab. Unter anderem zeigt sie auf, welche persönlichen Opfer so viele jesidische Frauen und Mädchen auf sich genommen haben, um ohne Rücksicht auf ihr eigenes Leben anderen zu helfen. Darüber hinaus rückte Badeeahs Entführung eine verblüffende Tatsache ins Licht: Man schätzt, dass die meisten in Syrien aktiven Daesch-Kämpfer (auch als IS bekannt) im Ausland geboren wurden und/oder Staatsbürger westlicher Nationen sind.

Nachdem Badeeah die Flucht aus Aleppo gelungen war und man entdeckte, dass sie in der Gewalt eines Amerikaners, möglicherweise eines Kommandanten, gewesen war, flog man sie in die USA. Dort hielt sie auf Konferenzen Vorträge über den Genozid und arbeitete mit dem Außenministerium zusammen, um den Mann zu identifizieren, der sie festgehalten hatte. Für Badeeah war es eine schwere Belastung, das Trauma, das sie in Daesch-Gefangenschaft erlitten hatte, noch einmal zu durchleben. Aber sie erkannte, dass ihre Geschichte internationales Interesse an dem Leiden des jesidischen Volkes wecken könnte. So erklärte sie sich bereit, ihre Geschichte zu einem Buch zu machen, in der Hoffnung, ein noch größeres Publikum zu erreichen, damit mehr Menschen die Wahrheit darüber erfahren, was weiterhin in Syrien vor sich geht.

Ein Jahr lang arbeiteten Badeeah, Sozan und Susan zusammen, um Badeeahs Geschichte zu erzählen. Sie berieten sich mit Mitgliedern der jesidischen Gemeinde, darunter Dakhill Shammo, Nasir Kiret sowie Imad und Fawaz Farhan, um das Jesidentum möglichst genau und einfühlsam darzustellen. Es war ihnen sehr wichtig, in dem Buch nicht nur von Gefangenschaft, Krieg und Überleben zu sprechen, sondern auch die Widerstandskraft einer Kultur herauszustellen, die vielen auf der Welt unbekannt ist.

Badeeahs Geschichte zu erzählen ist jedoch nicht einfach. Denn im Laufe ihrer Gefangenschaft passierte so vieles, dass es nicht möglich war, jedes Detail zu erwähnen. Um dem Rechnung zu tragen und weil sich dieses Buch an junge Leserinnen und Leser wendet, haben sich die Autorinnen einige künstlerische Freiheiten erlaubt. So wurde die Abfolge der Ereignisse neu geordnet, mehrere Personen wurden zu einer zusammengefasst, und wenn nötig wurden Dialoge nachgebildet.

Heute leben Badeeah, Eivan und seine Mutter in Deutschland. Badeeah ist fest entschlossen, Krankenschwester zu werden und ihrem Volk etwas zurückzugeben. *Eine Höhle in den Wolken* ist ihre Geschichte: Darin geht es nicht nur um Krieg und darum, was er Frauen und Mädchen antut, sondern auch um die heilende Kraft des Geschichtenerzählens und die außergewöhnliche menschliche Fähigkeit, selbst in dunkelsten Zeiten einen Sinn im Leben zu finden.

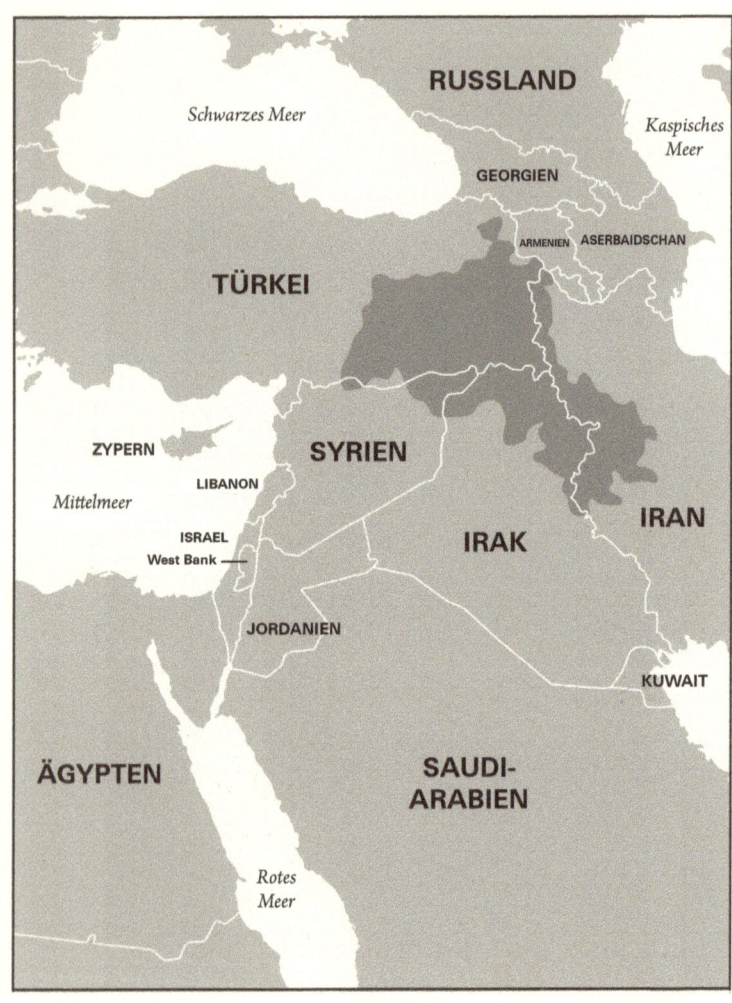

RUSSLAND

Schwarzes Meer

Kaspisches Meer

GEORGIEN

ARMENIEN ASERBAIDSCHAN

TÜRKEI

ZYPERN

Mittelmeer

LIBANON

SYRIEN

IRAK

IRAN

ISRAEL

West Bank

JORDANIEN

KUWAIT

ÄGYPTEN

SAUDI-
ARABIEN

*Rotes
Meer*

██ Von Kurden bewohnte Gebiete

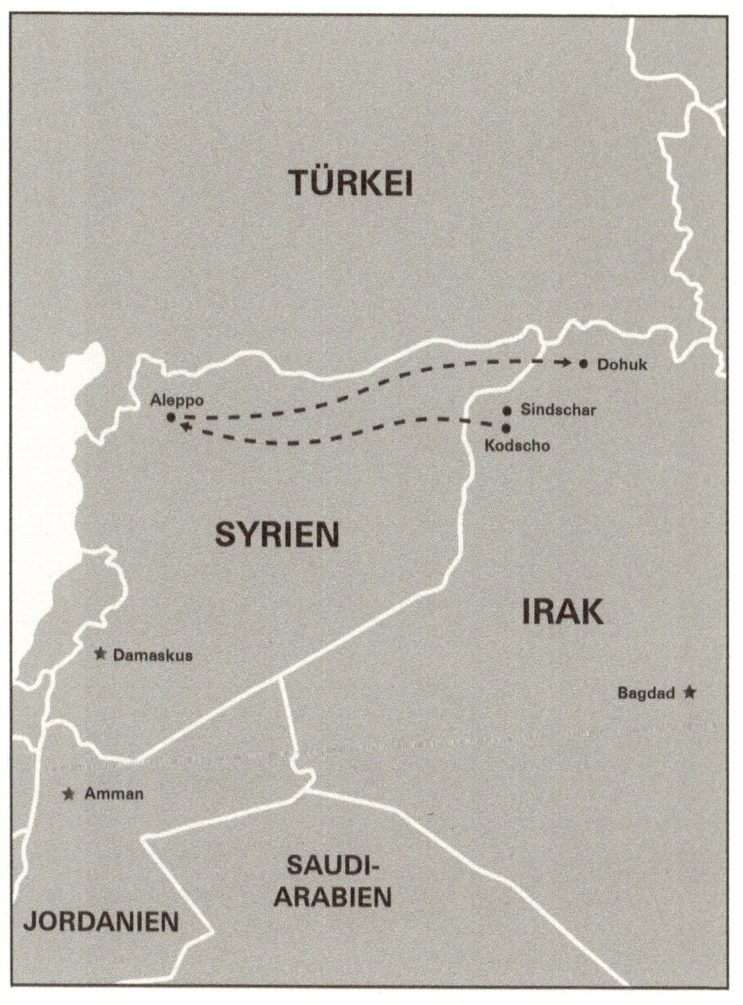

★ - - Badeeahs Weg

15. August 2014

Die Mauern unseres Hauses bebten.

Laster donnerten die Straße hinunter. Manche leuchteten weiß und hatten Raketenwerfer auf der Ladefläche. Andere waren gepanzert mit langen Geschützrohren.

Ich rannte.

Auf einmal war ich nicht mehr in Kodscho, sondern in einem dichten Wald aus Zagros-Eichen. Allem Anschein nach befand ich mich in den Bergen in der Nähe der türkischen Grenze. Ein Mann verfolgte mich und rief mir etwas in einer Sprache hinterher, die ich aus den Nachrichten als Englisch wiedererkannte.

Dann war es nicht mehr Tag. Nur das Licht eines Halbmonds schien durch einen dünnen Wolkenschleier. Ich stolperte, fiel hin und schlug mit der Schläfe gegen einen Stein. Mein Kopf pochte vor Schmerz, aber ich rappelte mich wieder hoch. Der Mann holte schnell auf.

Als ich nach Hilfe rief, antwortete mir nur meine eigene Stimme, die von den Felsen widerhallte.

Kurz darauf rannte ich weiter, bis ich Eivan erblickte. Er lag zusammengesunken neben einem Bach, als würde er sich zum Spielen über das Wasser beugen. Ich war so froh, ihn zu sehen.

Doch als ich näher kam, bemerkte ich, dass er gar nicht spielte, sondern mit einer Hand im Bach schlief. Die andere Hand war auf seinen Rücken gedreht, als wäre sie gebrochen. Ich schrie.

Kapitel eins

August 2003

Der Sinn des Lebens

Es war August, kurz vorm Ende der Sommerferien in unserem Dorf Kodscho. Mein Vater und meine älteren Brüder und Schwestern hatten alle frei. Die Vierzig Tage im Sommer, die wir *çîlê havînê* nennen und die vom vierundzwanzigsten Juni bis zum zweiten August andauern, waren vorbei. Während dieser Zeit können die Tagestemperaturen im Irak über fünfzig Grad Celsius erreichen. Danach wird es allmählich kühler.

An jenem Morgen war es draußen noch dunkel, als meine Schwestern Hadil und Majida aufwachten, sich die Haare lockten und hochsteckten und ihre guten Kleider anzogen, die sie mithilfe unserer *dake*, unserer Großmutter, tags zuvor gewaschen und ausgebessert hatten. Meine Schwestern fuhren mit unserem Vater Hassan in einem verrosteten Pick-up, den er sich von seinem Bruder geliehen hatte, auf den Markt.

Es war 2003. Die Amerikaner waren erst seit ein paar Monaten in unserem Land, und der ehemalige irakische Präsident, der Diktator Saddam Hussein, war untergetaucht. Wir Jesiden waren freier, als wir es seit Generationen gewesen waren. Unter Saddam hatte es keine Parlamentswahlen gegeben. Er und seine Baath-Partei hatten einfach Kandidaten, die ihnen genehm waren, auf wichtige Posten berufen. Und die gingen meist an Sunniten wie Saddam und nur selten an schiitische Muslime oder Mitglieder irgendeiner anderen Minderheit wie den Jesiden. Jetzt bewegte sich unser Land auf ein demokratisches System zu und die Menschen wählten ihre Oberhäupter selbst. Mein Vater Hassan war der hiesige Kandidat der Demokratischen Partei Kurdistans.

Aber an diesem Tag, als er sich für den Markt vorbereitete, war er Hassan der Bauer.

Ich beobachtete, wie er den Pritschenwagen mit Kisten voller Auberginen, grünen Paprika, Tomaten, Zwiebeln und Zucchini belud, die wir auf unseren nahe gelegenen Feldern angebaut hatten. Hassan verkaufte unser Obst und Gemüse in dem etwa zwanzig Kilometer entfernten Sindschar, das wir Jesiden Shingal nennen. Kodscho mit seinen 1785 Einwohnern war ein ausschließlich jesidisches Dorf. In Sindschar hingegen war die Bevölkerung eine Mischung aus Jesiden, Kurden und Arabern. Das jesidische Volk lebt seit Tausenden von Jahren im Nordwesten des Irak; seine

Präsenz reicht weit zurück bis zu den einstmals dort ansässigen alten Zivilisationen wie der der Sumerer. Auch Christen und Juden lebten in unserer Region, die jedoch unter Saddam Hussein zunehmend arabischer wurde. Saddams Armee war in viele jesidische Dörfer einmarschiert, hatte die Bewohner gewaltsam vertrieben und Araber, sein eigenes Volk, dort angesiedelt.

Hadil und Majida hüpften in den Pick-up und schlossen die Beifahrertür. Mein Herz explodierte. Ich wollte unbedingt mitkommen, denn sie würden in Sindschar nicht einfach nur auf den Markt gehen. Da Hadil jetzt alt genug für die Schule war, fuhren sie auch in die Stadt, um ihre *jinsiya*, ihre Staatsangehörigkeitsurkunde, abzuholen. Die zehnjährige Majida ging bereits in die Schule. In Kodscho gab es damals nur eine Grundschule. Viele jesidische Familien im Irak schickten ihre Kinder gar nicht in die Schule, weil dort nur islamische Geschichte und Religion gelehrt wurde und der Unterricht auf Arabisch war. Sie fürchteten den Verlust ihrer Kultur. Aber meine Eltern hielten Bildung für wichtig.

Hadil und Majida, die wie Nymphensittiche schwatzten, hatten mich am Abend zuvor damit aufgezogen, dass sie bald beide in die Schule gehen würden, während ich zu Hause bleiben und mich um meinen kleinen Bruder Khudher kümmern musste. Khudher, der drei Jahre jünger war als ich, war ein schwieriges Kind. Wenn meine

Mutter Adlan mit uns raus auf die Felder ging, musste ich auf ihn aufpassen, während sie arbeitete. Khudher konnte keine Sekunde still sitzen. Sobald ich ihm den Rücken zudrehte, flitzte er davon und versteckte sich in den Pflanzen und Büschen. Hadil ärgerte mich damit, dass ich jetzt lernen würde, Brot zu backen und *dolma* (mit Reis, Fleisch und Gemüse gefüllte Kohl-, Wein- oder Mangoldblätter) und *kubbeh* (ein mit Gewürzen und Weizen angereichertes Fleischgericht) zuzubereiten. Ich konnte Kochen nicht ausstehen.

Um mich herum wehte eine leichte Brise den süßen Blütenduft des Orangenbaums herüber, der nebenan im Hof unserer *dake* stand. Wie die meisten Jesidenfamilien in Kodscho hatte mein Vater sein Haus neben dem seiner Eltern gebaut.

An diesem Morgen tröstete mich die duftende Luft nicht so wie sonst.

Ich blickte missmutig und stampfte mit dem Fuß auf.

Meine Mutter drängte sich an mir vorbei, wobei der Saum ihres weißen Kleids über den Boden wischte. Wie immer schauten graue Strähnen aus ihrem *kufi* heraus, der weißen Kopfbedeckung, die ältere Frauen tragen. Sie marschierte zum Pick-up, steckte den Kopf durch das offene Fenster und erinnerte meine Schwestern daran, schwarzen Pfeffer und Kreuzkümmel zum Suppekochen mitzubringen. »Als ihr das letzte Mal in Sindschar wart, habt ihr es vergessen, weil ihr nur daran interessiert wart, Stoffe für Kleider zu kaufen«, schimpfte sie.

Majida ließ unsere Mutter abblitzen. Adlan schnalzte mit der Zunge und schüttelte den Kopf. Majida war ein Trotzkopf. Fallah, einer unserer älteren Brüder, sagte über Majida, dass sie aufmüpfig sei, was in diesem Teil der Welt gefährlich war, vor allem für ein zehnjähriges Jesidenmädchen. Hadil hingegen war unbekümmert. Sie erinnerte mich an einen Vogel, an eine der Nachtigallen, die in einem Olivenbaum vor unserem Haus nisteten. Fallah meinte, ich sei ganz anders als Hadil, denn ich sei verantwortungsbewusst und vorsichtig. Ich würde zwar nur wenig reden, doch wenn ich den Mund aufmachte, dann, um etwas Bedeutsames zu sagen. Wie Majida sei ich aber auch nicht, erklärte Fallah. Sie sei immer mürrisch.

Fallah hatte mich an *çarşema sor*, am Roten Mittwoch, beiseitegenommen. Das ist der erste Tag des jesidischen Kalenders – der erste Mittwoch zwischen dem vierzehnten und einundzwanzigsten April –, an dem die Jesiden Neujahr feiern. »Du erkennst Schönheit, wo andere sie nicht sehen«, hatte er an dem Tag zu mir gesagt. Wir feierten Neujahr in Scherfedin, einem Tempel auf der Südseite des Sindschar-Gebirges. Scherfedin und Lalisch, ein Dorf in den sanft geschwungenen Hügeln an der Grenze zu Kurdistan, sind heilige Stätten der Jesiden. Wir glauben, dass Lalisch das Zentrum der Welt ist und der Ort, an dem die Erde selbst erschaffen wurde. Um seine spirituelle Energie in uns aufzunehmen, laufen wir barfuß durch das Dorf. Manche behaupten, Lalisch sei eine halbe Million Jahre alt.

An dem Abend, als wir in Scherfedin Neujahr feierten, saßen Menschen um Lagerfeuer herum, aßen Ziegenfleisch und unterhielten sich. Die jungen Leute tanzten. *Dake*, fünfundneunzig, mit Runzeln wie Spuren im Sand und Knochen so steif wie Zement, konnte sich kaum bewegen, beobachtete aber das Schauspiel von einem Kissen aus. Viele suchten sie auf, um ihre Hand zu küssen und ihrer Kraft und Weisheit Respekt zu erweisen. Als die Lagerfeuer am hellsten brannten, sagte ich zu Fallah, dass ich, wenn ich in die nachtschwarzen Augen unserer Großmutter blickte, sie tanzen sehen könne, als würde sie sich an einer inneren Welt aus Sternen und Musik erfreuen.

Fallah lächelte mich an und erwiderte, dass ich ebenso kühn sein könne, wenn ich es wolle.

An dem Vormittag, als ich Majida und Hadil dabei beobachtete, wie sie darauf warteten, nach Sindschar zu fahren, stellte ich es unter Beweis.

Ich schlich zum Pick-up und sah hinein. Meine Schwestern zupften sich gegenseitig die Haare zurecht. Wie ich hatten sie langes dunkelbraunes Haar, das sie an manchen Abenden hundertmal bürsteten, damit es glatt und seiden glänzte. Hinten entdeckte ich zwischen den Obstkisten eine kleine Lücke, die ich als groß genug für meine Winzigkeit befand.

Ich huschte zur Fahrerseite, streckte die Hand nach dem Türgriff aus und zog. Doch das Knarzen erschreckte Hassan, der gerade Okraschoten von den Feldern seines Bruders Khalil auf die Ladefläche des Pritschenwagens lud.

»Was machst du da, Badeeah?«, rief er. Die Stimme meiner Mutter war hell und melodisch und erinnerte mich an die sich wiegenden Ringelblumen in *dakes* Garten, Hassans hingegen war tief und kehlig. Bei ihrem Klang musste ich an die wilden Wasserbüffel denken, die einmal in den Sümpfen Iraks heimisch gewesen waren, bevor Saddam Hussein sie trockenlegen ließ, um diejenigen zu bestrafen, die ihn stürzen wollten.

»Ich will auch mit«, sagte ich nervös. Mein Vater kam herüber und stellte sich direkt vor mich. Ich musste den Hals recken, um sein Gesicht zu sehen. Wenn er freihatte oder auf den Feldern arbeitete, trug Hassan ähnliche Kleider wie die unserer muslimischen oder arabischen Nachbarn in den nahe gelegenen Dörfern: Dischdaschas und Kaftane. Aber wenn er als Politiker unterwegs war, um für Stimmen zu werben, war er mit einem traditionellen jesidischen Gewand und einem rot-weiß karierten Turban, *jamadani* genannt, bekleidet. Hassan hatte seine gegerbten und schwieligen Hände in die Hüften gestemmt. In seinem gestutzten grau melierten Bart überwiegte das Weiß.

Ich war meinem Vater gern nahe, auch wenn das leider nicht oft vorkam. Ich teilte ihn mit meinen vier älteren Brüdern, meinem jüngeren Bruder Khudher, meinen fünf älteren Schwestern sowie, so kam es mir vor, mit ganz Kodscho. Obwohl unsere Familie der niedrigsten Kaste, den Muriden, angehöre, hatte Adlan mir erklärt, würden selbst die Angehörigen der hohen Kasten, der Scheichs und Pirs, unseren Vater respektieren, weil er so wichtige Arbeit leiste. Kasten waren vor allem bei Eheschließungen von Bedeutung. Am späten Nachmittag saß Hassan für gewöhnlich im Schneidersitz in dem Raum unseres Hauses, der männlichen Gästen vorbehalten war, während andere Männer aus dem Dorf vorbeikamen, um über Politik zu reden. Mein Vater rauchte dann immer selbst gedrehte Zigarren und Zigaretten, während seine Gäste die Schischa, die Wasserpfeife, rauchten. Adlan hatte lange, schmale Hände, die, während sie sprach, durch die Luft glitten wie die ausgestreckten Flügel eines Falken. Mit diesen Händen verscheuchte sie mich, wenn ich Hassan und den Männern aus dem Dorf lauschen wollte. »Sie sprechen von Gewalt und Blut«, sagte sie jedes Mal und bugsierte mich in Richtung Küche.

Mit Süßigkeiten und Schokoladenkeksen sowie mit den Geschichten, die sie mir erzählte, sorgte Adlan dafür, dass ich Hassan und seine Gäste schnell vergaß. Doch fast immer hatte ich das Gefühl, der Aufmerksamkeit meines Vaters nicht würdig zu sein.

Aber nicht diesmal.

An diesem Tag stand ich wie eine Ameise und mit rasendem Herzen vor den staubigen schwarzen Stiefeln meines Vaters. Ich verschränkte die Arme und sah zu ihm auf. »Ich will mit«, wiederholte ich. Meine Stimme kiekste nervös. »Ich will in die Schule gehen.«

»Du bist zu jung für die Schule«, erwiderte Hassan und beugte sich hinunter. Ich konnte ihn jetzt riechen: Zigarettenrauch, die freie Natur und trockene Erde nach einem Regenfall.

»Aber ich will jetzt dorthin gehen«, protestierte ich. »Und ich will Sindschar sehen. Alle waren schon dort außer mir. Ich will Dinge lernen.« Mir lief eine Träne über die Wange. Die Bilder in meinem Kopf, wie ich Mathegleichungen löste und Arabisch lernte, die meistgesprochene Sprache im Irak, verblassten langsam. Auch wenn ich in meinem tiefsten Innern wusste, dass meine Zeit, mit der Schule anzufangen, gekommen war, fehlten mir die Worte, um Hassan davon zu überzeugen. Ich beobachtete, wie eine Ameise über den Boden huschte. Das kleine Insekt schien viel stärker zu sein als ich.

»In Ordnung«, sagte mein Vater und richtete sich wieder auf.

Ich machte vor Überraschung einen Sprung.

»Vielleicht nimmt dich der Lehrer in Kodscho erst in ein oder zwei Jahren in die Schule auf, aber wir besorgen deine Staatsangehörigkeitsurkunde und probieren es. Majida und Hadil«, brüllte er, »rutscht rüber. Badeeah kommt mit.«

Wir rumpelten über die Wüstenstraße, wichen den von Hassan erspähten Schlaglöchern aus und flogen über die anderen, die zu plötzlich aufgetaucht waren. Majida und Hadil sprachen über den Marktstand, der frische Säfte verkaufte. Hadil mochte Orangensaft am liebsten, Majida bevorzugte Kokosnuss. Aber im Grunde wollten meine Schwestern mir nur unter die Nase reiben, dass sie schon einmal in Sindschar gewesen waren und ich nicht.

Ich beachtete sie nicht.

Mein Vater erklärte niemandem im Besonderen, dass wir jetzt zumindest in unseren Ausweispapieren als Jesiden aufgeführt seien. Als Saddam noch das Land regierte, weigerten sich viele Familien, sich Ausweise ausstellen zu lassen, weil darin ihre Nationalität als Arabisch angegeben war. Und da viele Jesidinnen ihre Kinder zu Hause zur Welt brachten, hatten diese auch keine Geburtsurkunden. Genau das war der Grund, warum mein ältester Bruder Adil als Sechzehnjähriger bei der ersten amerikanischen Invasion des Irak 1991 an der Front gelandet war. Die irakische Armee hielt ihn für älter, und da er keine Papiere hatte, die das Gegenteil bewiesen, zwangen sie ihn in den Kampf.

Ich beobachtete aufgeregt, wie das Sindschar-Gebirge,

auch Dschabal Sindschar oder Shingal-Gebirge genannt, um uns herum aufragte, während Steppenläufer über den Wüstenboden fegten und Vögel neben uns herflogen. Hassan stellte einen kurdischen Radiosender ein, denn unsere Gegend erreichten jetzt nur noch Nachrichten aus Kurdistan über Satellit. Majida und Hadil sangen bei den Liedern mit, die sie erkannten.

Als unser Pick-up in die Stadt rollte und sich, wie mir schien, zwischen tausend Fahrzeugen und anderen Kleinlastern einreihte, die alle gleichzeitig hupten, schaltete Hassan das Radio aus, woraufhin meine Schwestern auch endlich schwiegen. Ich hatte noch nie so viele Menschen gesehen: junge Männer auf Motorrädern, die dicken schwarzen Rauch ausstießen, ältere Männer, die rostige Pritschenwagen fuhren, Straßenverkäufer, die Zeitungen und elektronische Geräte verhökerten, Frauen, deren Köpfe mit langen Schals bedeckt waren, die wie Fahnen in der Luft flatterten.

»Muslimische Frauen tragen Hidschabs, Kopftücher, oder Chimars, die nicht nur den Kopf, sondern auch fast den ganzen Körper bedecken«, teilte mir Majida in angeberischem Tonfall mit. »Wir tun das nicht.« Sie war so eine Besserwisserin. Ich verdrehte die Augen und sah aus dem Fenster.

Unser Wagen blieb im Verkehr neben einer Frau stecken, die am Straßenrand auf einer zerlumpten blauen

Decke saß. Sie war in ein schwarzes Gewand gehüllt, das Majida als Chimar-Niqab-Kombination bezeichnete. Die Frau hielt ein Schild auf Arabisch hoch, und ich bat Hassan, es für mich zu übersetzen:

Ich bin arm. Ich bin eine Kriegswitwe. Mein Mann war ein Märtyrer, ein Schahid. *Ich muss für zwei kleine Kinder sorgen und habe keine Familie, die mich aufnehmen kann. Bitte helft mir.*

Mit der anderen Hand schüttelte die Frau eine Blechdose. Da ich das Scheppern von irakischen Dinar hören konnte, griff ich in das kleine Regal unterhalb des Radios und nahm ein paar Münzen heraus. Ich wollte gerade die Tür öffnen, um sie ihr zu geben, als Hassan aufs Gaspedal trat.

»Warum hast du das gemacht?«, schrie ich und knallte die Tür zu. »Sie braucht Geld. Ihr Mann war ein Märtyrer.«

»Es ist zu gefährlich«, antwortete er leise, während wir an ein paar Männern mit ernsten Mienen vorbeipreschten, die in Zweiergruppen die Straße entlangmarschierten. Ich wusste, dass es Soldaten waren, ich erkannte die blau-schwarze Uniform der neuen irakischen Regierungsarmee. Sie kämpften gegen die Guerillagruppen, die sich den Amerikanern widersetzten. Auch die Kurden hatten eine Armee namens Peschmerga, die jetzt Sindschar und unsere Dörfer beschützte.

Majida und Hadil senkten die Köpfe und spielten nervös an den Enden der Schals herum, die sie sich um die Schultern gewickelt hatten. Das erinnerte mich an ein Ritual, das wir vollzogen, wenn wir Lalisch besuchten. Das Grab eines der jesidischen Heiligen, des Mystikers Scheich Adi Ibn Musafir aus dem zwölften Jahrhundert, befindet sich in einem der drei Hauptgebäude in Lalisch. Jedes Mal, wenn wir es besuchten, banden wir Knoten in den Stoff, der über sein Grab drapiert war, und beteten dabei.

Aber an dem Tag glaubte ich nicht, dass Majida und Hadil beteten. Ich glaubte, dass sie Angst hatten.

»Wird es einen weiteren Krieg geben?«, fragte ich meinen Vater.

»Krieg herrscht immer«, antwortete er und wischte sich mit dem Handrücken über die verschwitzte Stirn. Auch er wirkte besorgt, was bei ihm nicht oft vorkam. »Im Moment sind die Feinde Terroristen, zu denen auch al-Qaida gehört. Sie können die Anwesenheit der Amerikaner hier nicht ertragen.«

»Adlan sagt, wir Jesiden sind etwas Besonderes«, fuhr ich fort, ohne Hadil zu beachten, die mir auf den Schenkel schlug, damit ich aufhörte zu reden. Es gefiel ihr nicht, wenn ich im Mittelpunkt stand. »Adlan sagt, wir sind eines der ältesten Völker der Welt. Sie sagt, dass sich unsere Feinde vor dem Wissen fürchten, das wir seit Anbeginn der Zeit in uns tragen.«

Hassan fuhr an den Straßenrand. Dann saß er da, starrte eine gefühlte Ewigkeit vor sich hin und stellte den Motor ab.

»Wenn wir so besonders sind, warum will man uns dann schaden?«, hakte ich weiter nach.

»Jeder ist etwas Besonderes«, erwiderte Hassan. Langsam kehrte die Farbe in sein erblasstes Gesicht zurück.

»Adlan sagt, dass alle Licht in sich tragen. Ist es das, was einen besonders macht?«

»Vermutlich.« Hassan beugte sich vor, um mich anzusehen, und lächelte.

»Aber ich weiß nicht, was das für ein Licht ist«, sagte ich. »Ich habe es noch nie gesehen.«

An der gerunzelten Stirn meines Vaters konnte ich erkennen, dass er angestrengt nachdachte, was er darauf antworten sollte. »Das Licht, von dem wir sprechen, ist keine Farbe«, sagte er schließlich. »Es ist wie ein Gefühl, wie Liebe. Nicht einfach die Liebe zu deiner Familie oder gar zu dir selbst. Diese Liebe ist schon beinahe selbstsüchtig. Es ist vielmehr eine Liebe, die es im Überfluss gibt, die niemals ausgeht und uns zusammenbringt. In tiefster Nacht ist Liebe dein Kompass. Viele Menschen sind irgendwann verblendet. Sie verlieren den Verstand und vergessen die Liebe, aber sie ist immer da, selbst in den dunkelsten Ecken. Der Sinn unseres Lebens besteht darin, an Liebe festzuhalten, damit auf die Dunkelheit irgendwann der Morgen folgt.«

Hassan sprang aus dem Pick-up und gab Majida, Hadil und mir ein Zeichen, ihm zu folgen. Die Stadt war anders, als ich erwartet hatte. Benzinschwaden hingen über ihr wie ein Zelt. Und der Staub! Auf dem Land machte der Staub nur unsere Kleidung schmutzig. In der Stadt war er dicht, grob und schmierig. Er verstopfte Nase und Hals und brannte in den Augen.

Während ich hustete, dachte ich über Hassans Worte nach. Sie klangen ein wenig wie ein Rätsel. Elf Jahre später würde ich selbst erleben, was er an jenem Tag in Sindschar gemeint hatte. Licht würde mich zurück nach Hause führen, nachdem ich *sabaya*, Kriegsbeute, des »Islamischen Staats« geworden war.

Kapitel zwei

2. August 2014

Kriegsbeute

»»Dem Sieger gehört die Beute.‹ Ich glaube, das sagt Allah über Kriegstrophäen und *sabaya*.«

Die Stimme meines Bruders Fallah war vom vielen Reden heiser. Es war spät. Er saß im Gastraum unseres Hauses im Schneidersitz neben Hassan auf dem Teppich. Adlan, Majida und Hadil servierten ihm und den anderen Mannern Kekse, Nüsse und schwarzen Tee in Gläsern. Im Gegensatz zu den Männern wirkten die Frauen und Mädchen ruhig und gelassen und bewegten sich wie Schilfgräser im Wind.

Ich saß auf dem Fenstersims und hörte zu.

Fallah und sein dreijähriger Sohn, mein Neffe Eivan, besuchten uns über die Sommerferien. Sie wohnten in Sindschar, wo Fallah als Polizist arbeitete. Heute war der zweite August, das Ende von *çilê havînê*. Wir hatten an diesem Nachmittag eigentlich mit der ganzen Familie die Gräber von verstorbenen Verwandten, unter anderem das von *dake*, meiner Großmutter, besuchen wollen. Aber am Ende waren nur die Frauen und Kinder gegangen. Die Männer hatten sich auf die Suche nach Dishan gemacht, der für die Familie meiner Cousine Nadia arbeitete. Ein paar Tage zuvor waren mehrere Schafe, die Dishan hütete, gestohlen worden. Jetzt war er selbst verschwunden. Unbekannte bewaffnete Männer hatten ihn entführt. Hassan, Fallah und Adil gingen mit ihren eigenen Waffen zu den arabischen Dörfern, die Kodscho umgaben. Doch von Dishan fehlte jede Spur. Jetzt waren die Männer wieder zurück und stritten sich darüber, was sie als Nächstes tun sollten.

Als ich älter wurde und besser verstand, wovon Hassan und die anderen Männer in unserem Gastraum sprachen, stellte ich fest, dass ihre Gedanken vor allen Dingen um Krieg, immer um Krieg kreisten. Wie meinen Bruder Adil hatte man auch Fallah gezwungen, der irakischen Armee beizutreten. Davor hatte Fallah Jurist werden wollen, oder Politiker wie Hassan, der erst bei einer Wahl und dann bei einer weiteren erfolgreich gewesen war. Bevor Fallah Soldat wurde, konnte sein Lächeln einen ganzen Raum erhellen. Seine dunklen Augen funkelten. Er erzählte Witze und brachte uns alle zum Lachen. Wenn man ihn jetzt ansah, strahlte er meist Kälte aus; seine Leidenschaft und seine

Wärme waren so tief in ihm vergraben, dass sie oft gänzlich verloren schienen.

Fallah erklärte den Männern, dass der Daesch, der sogenannte »Islamische Staat im Irak und der Levante«, in Amerika und Europa auch als IS bekannt, für Dishans Entführung verantwortlich sei. Der Daesch war über Syrien in den Irak eingedrungen und hatte Falludscha in der Nähe von Bagdad, Iraks größter Stadt, eingenommen. Jetzt hatte der Daesch auch noch die Stadt Mossul erobert, die nur hundert Kilometer von Kodscho entfernt lag. Viele Daesch-Kämpfer im Irak waren laut Fallah entweder Häftlinge, die von der Terrormiliz aus irakischen Gefängnissen befreit worden waren, oder extremistische Sunniten, die Saddam Husseins Schreckensherrschaft fortführen wollten.

Ich sah hinaus auf die Straße. Der mit Schutt vermischte kurkumafarbene Sand hatte sich nach der Rückkehr des Konvois, der nach Dishan gesucht hatte, wieder gelegt. Die Männer im Gastraum rauchten eine Zigarette nach der anderen.

»Der Daesch hat den Mossul-Damm und eine Ölraffinerie unter seine Kontrolle gebracht«, fuhr Fallah fort. Er blähte die Nasenlöcher auf und ballte die Fäuste.

Adil unterbrach ihn. »Sie starten einen Angriff auf Sindschar von al-Baadsch, Biledsch und anderen sunnitischen Städten im Osten und Süden aus.« Nachdem mein ältester Bruder in die irakische Armee zwangsrekrutiert worden war, hatte er sie nicht wieder verlassen. Auf seinem jüngsten Posten hatte er die irakisch-syrische Grenze bewachen müssen. Aber als der Daesch im vergangenen Frühling die Grenze überschritten hatte, waren Adil und seine Armeekollegen gefangen genommen und in Bagdad inhaftiert worden. Nach seiner Freilassung war Adil nach Kodscho zurückgekehrt, um bei unserem Schutz mitzuhelfen.

»Niemand ist in Sicherheit«, beharrte Fallah. »Wir müssen in die Berge fliehen.«

»*Ach*«, sagte mein Vater und wischte Fallahs Bedenken mit der Hand weg. In Hassans Stimme lag Müdigkeit. Vielleicht war er erschöpft von dem ganzen Kriegsgerede. »Das sind nicht mehr als Gerüchte. Wir hatten es schon mit viel Schlimmerem zu tun. Uns droht keine Gefahr.«

»Wir sollten zumindest die Frauen und Kinder wegbringen«, protestierte Onkel Khalil.

»Genau«, brauste Adil auf und schlug mit der Faust gegen die Betonwand. Adils Waffe lehnte wie die der anderen Männer neben der Tür, wo Hassan Matten aufbewahrte für den Fall, dass er während des muslimischen Gebetsrufs arabische Gäste hatte. Die AK-47-Sturmgewehre sahen wie Brennholz aus, das man neben einer Feuerstelle aufgeschichtet hatte. Ich wusste, dass sie größtenteils gebraucht in Mossul gekauft worden waren.

Mein Vater seufzte und wiederholte, dass er nicht besorgt sei. Der Daesch sei ein Problem zwischen Sunniten und Schiiten, meinte er. »Unter Saddam hatten die Sunniten die meiste Macht. Jetzt ist die Regierung unter der Kontrolle der Schiiten. Der neue Krieg herrscht zwischen diesen beiden Gruppen. Der Daesch will nur, dass die Sunniten wieder das Land führen. Das hat mit uns nichts zu tun.«

Das nächtliche Zirpen der Grillen war an diesem Abend besonders laut, vermutlich wegen der Hitze. Sie ließ nicht so schnell nach wie sonst am Ende von *çilê havînê*. Während der glühend heißen irakischen Sommer warteten wir alle sehnsüchtig darauf, dass die Winde auffrischten, damit wir tagsüber wieder nach draußen gehen konnten.

Fallah redete jetzt mit angespannter Stimme über seine Frau Samira, Eivans Mutter. Sie war nach Tel Benat, ins Dorf ihrer Familie, gereist, um auf eine Beerdigung zu gehen. Aus Angst vor dem Daesch hatten Samira und ihre Eltern beschlossen, sich ins Sindschar-Gebirge aufzumachen und sich dort zu verstecken. Samira hatte Fallah versichert, dass sie anrufen würde, sobald sie in Sicherheit sei, aber bisher hatte sie sich nicht gemeldet. Ein paar Männer hatten Berichte gehört, der Daesch würde Jesiden, die versuchten, in die Berge zu flüchten, umbringen oder gefangen nehmen. Nun wollte Fallah unbedingt aufbrechen und Samira suchen, doch Adil erinnerte ihn daran, dass er als toter Mann seiner Frau und seinem Sohn nichts nütze.

Hassan wiederholte noch einmal, dass alle überreagieren würden.

Die Diskussion ging hin und her ...

Ich wusste, man würde mich wegschicken, wenn ich mich zu Wort meldete, aber ich hätte Fallah gern in Erinnerung gerufen, dass in den Bergen Handys nicht immer funktionierten. Jedes Mal, wenn wir Lalisch besuchten, machte ich lange Spaziergänge in der trockenen Steppe und suchte nach Berghöhlen. Adlan hatte mir erzählt, dass in diesen Höhlen die großen jesidischen Mystiker Gott, den wir den Gestalter des Universums nennen, begegnet seien. Ein paar Jahre zuvor hatte ich mich bei einem dieser Spaziergänge verlaufen. Als ich versuchte, meine Familie anzurufen, damit sie mir zu Hilfe kam, stellte ich fest, dass mein Handy keinen Empfang hatte. Ich konnte den Weg zurück nicht finden. Ich hatte schreckliche Angst und lief auf demselben Pfad immer und immer wieder im Kreis. Schließlich kniete ich mich hin und betete zum obersten der sieben Engel Gottes, Melek Taus – auch bekannt als Tawûsê Melek oder Tausi Melek –, dass er mir die Weisheit verleihen möge, den Weg zurück zu finden. Als ein Schmetterling vor mir herflatterte, verspürte ich den Drang, ihm zu folgen. Er führte mich auf eine Lichtung und von dort fand ich den Weg zurück nach Lalisch.

»Der Daesch ist doch bloß ein Haufen wütender Männer«, wandte mein Vater ein und brachte mich in die Gegenwart zurück. »Das sind keine echten Muslime, genau wie Saddam keiner war. Sie benutzen den Islam, um ihre eigenen selbstsüchtigen Interessen zu verfolgen. Sie stellen für uns keine Bedrohung dar.«

Die Männer fingen alle gleichzeitig an zu reden.

Meine Gedanken schweiften erneut ab. Diesmal ganz weit weg, aber nicht zu den Höhlen. Stattdessen dachte ich an Nafaa.

Nafaa war zwei Jahre älter als ich, ein entfernter Cousin väterlicherseits. Er kam oft zum Essen zu uns nach Hause oder um Zeit mit meinem Bruder Khudher zu verbringen. Nafaa und ich hatten uns erst vor Kurzem ineinander verliebt, und als es warm wurde, schlichen wir hinaus auf die Felder, legten eine Decke auf den Boden, blickten zu den Wolken hinauf und redeten über unsere Zukunft. Er wollte irgendwann einmal heiraten. Ich auch, wenn ich älter wäre.

»Da ist eine Schildkröte«, sagte Nafaa eines Nachmittags und zeigte auf eine Wolke. »Sie symbolisiert Bewegung und Veränderung ... unsere gemeinsame Reise.«

Ich schlug ihm spielerisch auf den Arm und zog ihn als Romantiker auf. Aber insgeheim gefiel es mir, wenn er so mit mir sprach.

Nafaa und ich hatten uns das letzte Mal auf einer Frühlingshochzeit gesehen. Benyan, der Bräutigam, war der Neffe des Dorfältesten von Kodscho, eines Mannes namens

Ahmed Jasso. Ahmed Jasso war für alle möglichen Dinge in unserem Dorf verantwortlich, ähnlich wie ein Bürgermeister in einer Stadt des Westens. Aber Ahmed Jasso war nicht in dieses Amt gewählt, sondern in diese Rolle geboren worden. Sein offizieller Titel war *mukhtar*. Sein Vater war schon *mukhtar* gewesen wie auch sein Großvater vor ihm.

Die Hochzeit dauerte eine ganze Woche lang. Zuerst bat Benyans Vater die Familie der Braut, die Nazma hieß, dem Paar die Erlaubnis zur Heirat zu geben. Als Nazma und ihre Familie einwilligten, zahlte Benyans Familie einen Brautpreis in Gold an Nazmas Eltern, um zu zeigen, wie viel Respekt die Familie des Bräutigams für ihre neue Schwiegertochter hatte.

An einem anderen Abend wurden die Hände der Braut mit Henna gefärbt.

Die Festivitäten kamen bis zum Abend der Hauptfeier immer weiter in Schwung.

Auf der Feier trug ich einen helles lavendelfarbenes Kleid mit goldenen Stickereien. Ich lockte mir die Haare, steckte sie vorne hoch und ließ sie hinten auf dem Rücken lang und offen fast bis zur Taille fallen. Majida und Hadil schminkten mich: korallenroter und hellblauer Lidschatten, mit Kajal umrandete Augen, Wimperntusche und Lippenstift. Als sie fertig waren, meinte Hadil, ich würde wie die kurdische Sängerin und Schauspielerin Helly Luv aussehen, die hohe Wangenknochen, ein markantes Kinn, große Augen und eine zierliche Figur hatte. Von allen meinen Schwestern war ich die kleinste: 1,58 Meter und dünn, 45 Kilo leicht.

Ich winkte ab. »Helly Luv ist wunderschön«, wandte ich ein. »Ich bin unscheinbar.«

»Bist du nicht«, erwiderte Hadil, während sie einen Schritt zurücktrat, um ihr Make-up zu bewundern. »Wenn du in Erbil leben würdest, könntest du im Fernsehen auftreten. Vielleicht wirst du das erste jesidische Model.«

»Ich will Ärztin werden«, protestierte ich.

»Du kannst beides werden!« Majida hob die Faust. Majida, die zu einem burschikosen Mädchen herangewachsen war, stämmig und muskulös, liebte Helly Luv, weil sie sich auch politisch engagierte. In ihrem Hit, mit dem sie den Durchbruch geschafft hatte, »Risk It All«, ging es um Frauen, Kurden, Jesiden – um alle Menschen, die unterdrückt waren.

Hadil summte den Song und wirbelte auf Zehenspitzen herum.

»Wir leben im neuen Irak, das die Amerikaner und Helly Luv aufgebaut haben«, schwärmte Hadil, »und in dem Mädchen mehr sein können als Töchter, Ehefrauen und Mütter. Wir können alles sein, was wir wollen!«

Majida warf Hadil einen verächtlichen Blick zu. »Wir Jesiden haben das schon von Mayan Khatun gelernt«, sagte sie besserwisserisch. Mayan Khatun war eine jesidische Prinzessin, die 1913 die Regentschaft für ihren sechs-jährigen Enkel Mir Tahsin Beg übernahm, nachdem die Jesiden mehrere Hundert Jahre Verfolgung durch die Otto-manen überstanden hatten. Auch damals umgab uns Krieg und Tod und jesidische Männer ließen ihren Schmerz an ihren Familien aus und misshandelten ihre Frauen und Kinder. Als Oberhaupt des jesidischen Volkes lehrte uns Mayan Khatun, dass wir unsere Unterdrücker erst dann be-siegen könnten, wenn das Gleichgewicht zwischen Män-nern und Frauen unter uns wiederhergestellt sei. In einer Gesellschaft sollte weder das Männliche noch das Weib-liche dominieren, sagte sie. Beide stellten mächtige Kräfte dar. Unter ihrer Führung kämpften die Jesiden mehrere er-folgreiche Schlachten, die schließlich dafür sorgten, dass sich die Ottomanen aus unserem Gebiet zurückzogen. Ihres Mutes und ihrer Weisheit wegen nimmt Mayan Kha-tun einen wichtigen Platz in der Geschichte der Jesiden ein.

»Okay«, sagte ich mit einem Achselzucken. »Aber ich will nur Ärztin werden.«

An Benyans und Nazmas Hochzeitsabend war es warm. Hyazinthen, Rosen und Flieder blühten und erfüllten die Luft mit ihrem Duft.

Die Feier fand draußen auf der Straße in Kodscho statt. Vor dem Haus des Bräutigams standen Tische, beladen mit Reis, Rindfleischgerichten, Gebäck und Kuchen.

Als ich ankam, hatten die Musiker bereits angefangen,

auf Rahmentrommeln, Flöten und Langhalslauten namens Tambur zu spielen.

Nachdem ich die Braut geküsst hatte, steckte ich ein Goldstück ans Revers des Bräutigams – mein Geschenk an das Paar. Meine Schwestern stahlen sich davon, um mit ihren Freunden zusammen zu sein. Adlan gesellte sich zu den älteren Frauen, die viel Klatsch und Tratsch auszutauschen hatten. Hassan rauchte mit den älteren Männern Pfeife. Die Männer bemühten sich an Hochzeiten, nicht über Krieg und Politik zu reden. Aber ohne Krieg und Politik als Gesprächsthemen hatten sie sich nicht viel zu sagen.

Ich ließ den Blick über die Menge schweifen und beobachtete ein paar der jungen Männer, die sich beieinander einhakten, um den Dilan, unseren traditionellen jesidischen Tanz, zu tanzen. Ich musterte ihre Gesichter.

Nafaa befand sich nicht unter ihnen.

Mein Herz blieb kurz stehen, als ich ihn endlich mit Khudher einen Fußball hin und her kicken sah. Sein welliges kastanienbraunes Haar war nach hinten gekämmt und mit Öl glatt gestrichen. Er trug eine enge braune Anzughose im europäischen Stil und ein weißes maßgeschneidertes Hemd mit Knopfleiste, das oben offen stand. Mein Herz fing an zu rasen. Als würde er meine Nähe spüren, drehte er sich um, und unsere Augen trafen sich.

Während des Abends spürte ich fast die ganze Zeit Nafaas Blick, der mir überallhin folgte.

Jesidische Teenager haben keine Dates. Die meisten Brautpaare lernen sich auf Hochzeiten kennen oder in Lalisch, das viele Familien mehrmals im Jahr besuchen, vor allem im Herbst, um dort unser wichtigstes Fest zu feiern, *jashne jimaiye* – das Fest der Versammlung.

Als ich noch ein kleines Mädchen war, hatte mir Adlan erzählt, dass jedes Kind mit einer besonderen Gabe auf diese Welt kommen würde. »Es ist die Aufgabe der Mutter«, erklärte sie, »ihren Kindern zu helfen, diese Gaben zu entdecken und zu nähren, so wie wir es mit unseren Pflanzen tun.« Bei meinem letzten Besuch in Lalisch hatte ich meine besondere Gabe entdeckt. Während ich mit dem *çira*, einem Kerzendocht, den wir das heilige Licht nennen und der in Lalisch-Olivenöl getaucht ist, durch den Tempel ging, offenbarte sich mir manchmal die Zukunft, als wäre ich eine Seherin. Was meine Gabe so aufregend machte, war, dass Nafaa in meinen Vorahnungen immer an meiner Seite erschien.

Als bei Nazmas und Benyans Hochzeit die Nacht hereinbrach, spielte Musik aus einer Anlage.

Der schwere Bass brachte den Boden zum Beben. Männer und Frauen, Mädchen und Jungs hakten sich beieinander ein und die Dilan-Kette schlängelte sich wie eine Schlange durch die Straße.

Ich war bei Nafaa eingehakt.

Der sternenklare Himmel dehnte sich bis ins Unendliche aus.

Über uns konnte ich den Großen Wagen sehen und die Milchstraße.

Ich drehte und drehte und drehte mich um mich selbst.

Bum!

Mein Vater schlug mit der Faust fest auf das Tablett vor ihm und brachte die Teegläser zum Klirren. »Badeeah«, schrie er.

Ich sprang vom Fenstersims herunter.

»Komm und hol Eivan.«

Eivan hatte runde Augen, rosige Wangen und eine Haarlocke, die ihm wie ein umgedrehtes Fragezeichen tief in die Stirn hing. Sein Kichern füllte einen ganzen Raum. Eivan kniete vor Fallah und versuchte, die Aufmerksamkeit seines Vaters auf sich zu ziehen. Aber Fallah wollte nur über Krieg sprechen.

Ich nahm meinen Neffen schwungvoll in die Arme und flog ihn wie ein Flugzeug in die Küche, wo Hadil und Majida *kubbeh* aßen.

»Hast du Hunger?«, fragte ich ihn, als ich ihn zwischen meinen Schwestern zum Landen brachte. Er schüttelte den Kopf.

»Erzähl mir eine Geschichte.« Er griff nach oben und zwirbelte Strähnen meines Haars um seine Finger.

»Gleich«, sagte ich und setzte mich neben ihn. »Ich muss erst etwas essen.«

»Die Männer machen mir Angst.«

Ich spürte, wie sich sein winziger Körper anspannte, und zog ihn fest an mich. »Hör nicht auf das Gerede der Männer. Du wirst schon bald feststellen, dass sie aus jeder Mücke einen Elefanten machen. Sie übertreiben alles. Hier bei mir bist du sicher.«

Eivan ließ sich von mir mit ein wenig *naan*, einer Art Fladenbrot, füttern. Während ich ihm beim Essen zusah, schwappte eine Welle der Traurigkeit über mich. Auf einmal war ich nicht mehr hungrig.

Wenn früher die Männer über Krieg redeten, hatte mir das keine Angst gemacht. Aus irgendeinem Grund hatte ich gewusst, dass wir verschont bleiben würden.

Diesmal würde der Krieg nach Kodscho kommen. Dessen war ich mir sicher, denn dort, wo meine Zukunftsvisionen hätten erscheinen sollen, sah ich jetzt nur noch ein klaffendes Loch.

Kapitel drei

3. August 2014

Der Fremde

Das Scheppern von Pfannen und Töpfen riss mich aus dem Schlaf. Meine Mutter und meine Schwestern huschten zwischen Schlafzimmer und Küche hin und her und redeten mit gedämpften Stimmen.

Ich zog meinen eingeschlafenen, kribbelnden Arm unter Eivan hervor. Am Abend zuvor hatte er bei seinem Vater schlafen wollen. Aber Fallah war gar nicht ins Bett gegangen. In den letzten paar Nächten hatte er gemeinsam mit Adil unser Dorf patrouilliert. Stattdessen hatte ich Eivan den Rücken gestreichelt, während ich ihm die jesidische Schöpfungsgeschichte erzählte: Vierzigtausend Jahre lang herrschte Schmerz und großes Leid. Gottes sieben Engel hatten sich auf einer wütenden See verirrt, doch dann sahen sie endlich Land: Lalisch. Die Engel stiegen aus dem Boot und gingen ans Ufer. So wurde die Erde erschaffen.

Als Eivans Augen anfingen zu flattern, sang ich ihm eins von Adlans Wiegenliedern vor, bis er neben mir einschlief.

Eivans Haar war zerzaust. Ich beobachtete, wie sich seine Brust im Rhythmus seiner Träume hob und senkte. Sein Mund stand weit offen. »Diese dunklen Tage werden vorübergehen, die Sonne wird wieder scheinen«, sang ich leise den Refrain von Adlans Wiegenlied.

Auf Zehenspitzen ging ich in die Küche, wo meine Schwestern Kisten mit Mehl, Speiseöl, Nüssen, Reis, Birnen, Aprikosen und Äpfeln füllten. Die Stimmen von Hassan und Fallah hoben und senkten sich im Gastraum.

»Was ist los?«, fragte ich.

»Wir brechen auf«, antwortete Majida mit besorgter Miene.

»Khalil hat Hassan überzeugt, uns in die Berge gehen zu lassen«, erklärte Hadil, während sie Tomaten in eine Kiste legte. »Hassan bleibt mit Fallah und Adil in Kodscho, um gegen den Daesch zu kämpfen, falls sie einmarschieren.«

»Wir sind wie die Juden«, hörte ich Fallah schreien, als ich Adlan dabei ablöste, Teller, Tassen und Besteck in einen Korb zu packen. Wir räumten die Sachen so ein, wie wir es immer taten, wenn wir nach Lalisch oder zu einem Picknick fuhren. »Sie wurden in Deutschland abgeschlachtet, aus dem Irak vertrieben ... Vielleicht hätten wir von ihnen lernen sollen, dass auch auf uns schlechte Zeiten zukommen würden. Wir hätten niemals schweigen dürfen, als Saddam die Araber von ihrem Land im Süden in unser Gebiet übersiedelte. Wir haben einfach nur zugesehen und zugelassen, dass Saddam uns unser Land wegnimmt und unsere Kultur unterdrückt.«

Hassan brüllte zurück, Fallah würde maßlos übertreiben. »Unsere arabischen Nachbarn werden nicht zulassen, dass der Daesch uns Schaden zufügt.«

Ich war mir nicht sicher, ob mein Vater damit recht hatte. Ich las oft seine Zeitungen, wenn er mit ihnen fertig war, und wusste, dass der Daesch aus al-Qaida hervorgegangen war, der Gruppe, die 2001 das World Trade Center in New York angegriffen hatte. Nachdem die Amerikaner dem Irak den Krieg erklärt hatten, waren viele al-Qaida-Kämpfer oder *Dschihadis* getötet oder eingesperrt worden. Doch ein paar gruppierten sich in Syrien neu und erhielten Geld von wohlhabenden Investoren aus dem Nahen Osten, die das syrische Staatsoberhaupt Baschar al-Assad zu Fall bringen wollten. Die neue Gruppe, der Daesch, befreite die von den Amerikanern im Irak inhaftierten Terroristen und brach den Kontakt zu al-Qaida ab. Der Daesch wollte einen Islamischen Staat gründen, den sie das Kalifat nannten. Ich war mir nicht sicher, was dieser Islamische Staat für Nicht-Muslime wie uns bedeuten würde, und das beunruhigte mich.

Ich näherte mich leise meiner Mutter. »Können wir beten?«

Adlan unterbrach, was sie gerade tat, und blickte mich überrascht an. Normalerweise betete ich nur, wenn wir in Lalisch waren. Seit der Daesch vor ein paar Monaten Mossul erobert hatte, schien meine Mutter gealtert zu sein. Sie hatte tiefe Falten um Augen und Mund, was sie so aussehen ließ, als würde sie ununterbrochen die Stirn runzeln. Die Haut in ihrem Gesicht war schlaff. Bei ihrem Anblick erinnerte ich mich an etwas anderes, das sie mir erzählt hatte. »Es sind unsere Ängste, die uns altern lassen«, hatte sie gesagt. »Krankheit nimmt im Geist und in der Seele ihren Anfang. Liebe macht uns ganz. Sei furchtlos, Badeeah, wenn du Liebe gibst und annimmst. Hör nicht auf einen Geist voller Sorge oder Hass. So ein Geist bringt dich langsam um.«

Mit ihren knochigen, arthritischen Händen löste Adlan die Schleife ihrer Schürze. Vor dem Wohnzimmer hing ein kleines Päckchen, das in einen weißen Stoff gewickelt war, der aus Bäumen aus Lalisch gewonnen wurde. Dieses Päckchen nannten wir *berat*. In dem Stoff befand sich eine Kugel aus weißem Lehm, der am Fuß der Şikefta Berat, der Weißen Höhle, eingesammelt worden war. Wir Jesiden glauben, dass die Weiße Höhle von einem anderen Planeten stammt. Die Höhle wird nur einmal im Jahr geöffnet, wenn die Energie in ihrem Inneren ihren Höhepunkt erreicht. Zu diesem Zeitpunkt wird der Lehm in der Höhle zusammengeklaubt und für jede Familie eine kleine Kugel eingepackt. Dem *berat* (»heiliger Stein«) werden große heilende Eigenschaften zugesprochen.

Ich beobachtete, wie meine Mutter sanft den *berat* küsste. Sie trat einen Schritt zurück und ermutigte mich, dasselbe zu tun. Wir Jesiden glauben, dass unser *berat* die Engel wissen lässt, wo sie uns finden können. Meine Mutter und ich drehten uns in Richtung der Sonne und sprachen ein Gebet. »Amen. Amen. Amen«, schloss sie. »Gesegnet sei unser Glaube. Gott wird unserem Glauben helfen, zu überleben.«

Die Stimme meines Vaters erschreckte uns. »Ich bin überrascht, euch beten zu sehen. Sonst kommt es mir immer so vor, als würden junge Leute nur tanzen wollen«, zog er mich auf.

Ich warf ihm einen gespielt bösen Blick zu. Aber was er sagte, stimmte zum Teil. Jedes Mal, wenn getanzt wurde, hatte ich die Gelegenheit, Nafaa zu sehen. Ich wollte Hassan und Adlan unbedingt erzählen, dass wir uns ineinander verliebt hatten. Da ich das jüngste Mädchen der Familie war und Adlan mich bei der Feldarbeit und im Haushalt brauchte, würden meine Eltern bestimmt wollen, dass ich erst mit Mitte zwanzig ans Heiraten dachte. Doch wenn ich ihnen von Nafaa erzählte, würden vielleicht meine Zukunftsvisionen mit ihm zurückkehren. Ich öffnete den Mund und schloss ihn schnell wieder, als Eivan aufschrie. Adlan kehrte in die Küche zurück. Ich folgte ihr.

Eivan spielte mittlerweile mit seinem gelb-weißen Spielzeugtaxi auf dem Boden. »Naan«, sagte er, als er mich sah. Ich nahm ihn schwungvoll in die Arme, hob ihn hoch in die Luft und wirbelte ihn durchs Zimmer.

Er kreischte und sein Gelächter stob um ihn herum. Hassan fing an, den Takt des alten traditionellen kurdischen Lieds »Shamame« zu klatschen. Als er damit fertig war, waren Eivan und ich ganz außer Atem. Aber Eivan wollte nicht aufhören.

Adlan zwinkerte mir zu und reichte mir ein wenig Fladenbrot. »Wir brechen in etwa einer Stunde in die Berge auf. Geht raus und spielt, bis wir startbereit sind.«

Eivan und ich machten uns in Richtung Schule auf den Weg und kickten einen abgenutzten Fußball zwischen uns hin und her, während wir an unserem Frühstück knabberten. Der Fußball hatte einmal Fallah gehört, als er noch ein Kind war. Er hatte einen Riss und bewegte sich nur langsam in einer Zickzacklinie, doch genau das mochte Eivan an ihm. Er rannte dem schlingernden Ball hinterher, und sein Lachen hallte von den Lehmhäusern wider, an denen wir vorbeikamen. Die meisten ähnelten unserem: rechteckig, vorne mit einem Gastraum für die Männer und ihre männlichen Besucher, einem Wohnzimmer, in dem die Familie zusammen Zeit verbrachte, einer Küche und einem Schlafzimmer im hinteren Teil. Neben oder hinter den Häusern befanden sich noch einzelne Gebäude, die

wir als Außenklo benutzten. Manche Häuser waren zwei-
stöckig. Wasser wurde über Leitungsrohre ins Dorf ge-
pumpt und jeder Haushalt füllte an den Außenhähnen
Eimer auf. Wir hatten Strom, doch der fiel regelmäßig aus.
Jedes Haus hatte einen Generator für die Tage, an denen
die Stromversorgung über einen längeren Zeitraum unter-
brochen war. Unsere Küche war mit einem Gasherd und
einem Kühlschrank ausgestattet. Unser Generator war nie
stark genug, um den Gefrierschrank zu betreiben.

Adlan sagte, wir sollten uns nicht darüber beschweren,
dass wir kein heißes Wasser oder rund um die Uhr Strom
hatten. Saddams Cousin Ali Hassan al-Madschid hatte
während der Anfal-Operation ganze kurdische Dörfer aus-
gelöscht, ein Völkermord, der von 1986 bis 1989 stattfand.
Unter Saddams Herrschaft waren viele jesidische Dörfer
von Arabern übernommen und die Einwohner in Flüchtlingslager geschickt worden. Adlan meinte, Kodscho habe
wegen der arabischen Männer aus den nahe gelegenen
Dörfern, die die *kirivs* jesidischer Jungen waren, nichts zu
befürchten. Wenn ein jesidischer Junge beschnitten wird,
nimmt ihn sein *kiriv* auf den Schoß und gibt damit das Versprechen ab, ein Leben lang über dieses Kind zu wachen
und es zu leiten. Jesidische Familien nahmen die *kirivs*
ihrer Söhne als Brüder an. Weil die Jesiden nur unter sich
heiraten, wählen Familien oft muslimische *kirivs*, um die
Religionen zu vereinen.

»Die Männer reden zu viel«, bemerkte Eivan, als könnte er meine Gedanken lesen. Adlan sagte, Eivan sei genau wie Fallah, als dieser noch klein war: Wissbegierig, scharfsinnig, und er schnappte immer Sachen auf, wenn andere dachten, er würde nicht zuhören. Eivans Augen funkelten, und seine langen Wimpern glitzerten, als wäre er gerade durch eine Wolke gegangen. Bei seinem Anblick breitete sich ein Gefühl der Wärme in mir aus, und ich fing an, mich zu entspannen. Ich sagte mir, dass die Beklemmung, die ich am Abend zuvor verspürt hatte, nur mein Geist gewesen war, der mir Streiche spielte. Eivan und ich kickten den Ball noch ein wenig weiter hin und zurück.

Doch auf unserem Nachhauseweg, als wir am *jevata gundi* vorbeikamen, wo die Männer ihre politischen Versammlungen abhielten, stellten sich mir die Nackenhaare auf. Normalerweise wimmelte es auf dieser Straße von Frauen, die zu den Feldern unterwegs waren oder einkaufen gingen, während Männer draußen saßen und über Politik redeten und Kinder Verstecken spielten, von den vielen Tauben, Eseln, Hunden, blökenden Schafen und gackernden Hühnern ganz zu schweigen. Aber an diesem Tag war Kodscho eine Geisterstadt.

Eivan griff nach meiner Hand und drückte sie fest. Ich blieb abrupt stehen und zerrte ihn hinter ein noch im Bau befindliches Haus. Wir versteckten uns hinter einem Holzgerüst, über das eine weiße Plastikfolie gespannt war. Ich legte ihm eine Hand auf den Mund.

»Sei still«, flüsterte ich ihm ins Ohr.

Ganz langsam steckte ich den Kopf heraus.

Eine Gruppe Männer hatten sich vor dem *jevata gundi* versammelt. Unter ihnen war auch Ahmed Jasso, unser *mukhtar*. Neben ihm stand ein hochgewachsener Mann, den ich noch nie gesehen hatte. Er trug eine karamellfarbene Dischdascha. Meine Brüder Adil und Fallah beobachteten das Ganze von der Seite und fingerten an den Lederriemen ihrer über die Schulter geschlungenen Gewehre herum. Sie standen breitbeinig mit herausgestreckter Brust und gehobenem Kinn da.

»Ihr habt nichts zu befürchten«, versicherte Ahmed Jasso der Gruppe Männer. »Wir sind mit dem Islamischen Staat zu einer Übereinkunft gekommen. Sie werden unser Dorf nicht angreifen. Aber ihr müsst eure Waffen abgeben.« Er bedeutete den Männern von Kodscho, ihm ins Gebäude zu folgen – dort könnten sie weiterreden, sagte er.

Als die Männer des Dorfes einer nach dem anderen hineingingen, meine Brüder eingeschlossen, blieb der Mann in der Dischdascha zurück. »Übergebt eure Waffen, oder das Friedensabkommen mit dem Islamischen Staat ist ungültig«, rief er, als er dem letzten Kodscho-Mann ins Gebäude folgte. »Sonst wird Kodscho in weniger als vierundzwanzig Stunden angegriffen.«

Mein Magen zog sich zusammen. Eivan wand sich, und ich bemerkte, dass ich ihm immer noch die Hand über den Mund hielt.

Gerade als ich Eivan losgelassen hatte, gingen zwei Männer an unserem Versteck vorbei. Ich schreckte instinktiv hoch und drückte mich mit dem Rücken gegen eine neu hochgezogene Mauer. Die Männer waren nicht aus Kodscho. Sie waren schwarz gekleidet, hatten große Munitionsgürtel um den Körper geschlungen und Gewehre in der Hand, lange halb automatische Waffen, wie Hassan sie besaß.

»Diese Jesiden sind *ibadat shaitan*«, hörte ich einen von ihnen auf Arabisch sagen. Er nannte uns Teufelsanbeter. Nach sechs Jahren Unterricht sprach ich fließend Arabisch.

»Diese Ungläubigen, wenn sie nicht konvertieren, sind sie *sabaya*«, sagte der andere. »Kriegsbeute.« Er lachte und entblößte dabei gelbe Zähne und schwarzes Zahnfleisch.

Wieder diese Wörter: *Sabaya. Kriegsbeute.* Ich kannte ihre genaue Bedeutung nicht, war mir aber sicher, dass sie für uns Jesiden nichts Gutes verhießen.

Den beiden schwarz gekleideten Männern zuzuhören, weckte eine starke Erinnerung. Bei einem unserer Familienausflüge nach Lalisch war Hassan einmal eine andere

Strecke gefahren. In der Nähe von Mossul wurde er langsamer, um uns die Ölraffinerien zu zeigen: hohe Schlote, die dicken Rauch ausstießen, Gebäude so groß wie Berge, Unmengen blinkender Lichter und Maschinen, die in der Sonne glitzerten.

»Das Öl verursacht alle diese Kriege«, sagte mein Vater kaum hörbar. »Es wird erzählt, Saddam würde uns nicht mögen, weil wir ›ibadat shaitan‹ und Anhänger von Iblis, dem Teufel, seien. Aber die Wurzel seines Hasses ist Gier.«

Als er *ibadat shaitan* erwähnte, schnappte meine Mutter nach Luft. Ich saß neben ihr auf dem Rücksitz und sie ergriff meine Hand.

»Was bedeutet *ibadat shaitan*?«, flüsterte ich.

Adlan schüttelte den Kopf. »Sprich diese Worte nicht aus«, schimpfte sie. »Die Zoroastrier behaupteten, der Teufel hätte einen Pfau erschaffen, um seine Kräfte zur Schau zu stellen. Wir jedoch glauben, dass der Pfau Melek Taus verbildlicht, den Engel, den wir uns zum Vorbild nehmen. Die Jesiden werden auch deshalb verfolgt, weil unsere Religion so alt ist. Als Eroberer in unser Gebiet einfielen und von unserer geistigen Stärke erfuhren, vermuteten sie, wir würden mit dunklen Kräften paktieren. Deshalb teilen wir Jesiden unsere Weisheit nicht mehr mit dem Rest der Welt. Und dann ist da noch der Koran«, fuhr sie fort. »Der Teufel wird darin als ein Engel beschrieben, der sich Gottes Befehl widersetzte, sich vor Adam zu verbeugen. Melek Taus betete nicht zu Adam, weshalb manche Muslime ihn für den Teufel halten.«

»Ist er das?«, fragte ich.

»Nein«, erwiderte sie. »Melek Taus war einer von sieben Engeln oder *malayika*. Gott verlieh jedem eine besondere Gabe. Melek Taus schenkte Gott Licht und Erkenntnis. Dann gebot Gott den Engeln, die Menschheit zu erschaffen. Die Engel erschufen Adam. Als Gott von den Engeln verlangte, sich Adam zu beugen, weigerte sich Melek Taus als Einziger. Er sagte, er habe ein Versprechen abgegeben, sich vor niemandem außer Gott zu verneigen. Wir Jesiden verehren Melek Taus für seine Treue zur einzig wahren Macht in dieser Welt: Gott.«

Hassan wandte sich zu meinem Bruder Fallah und fügte hinzu: »Sie behaupten, wir hätten keine Religion, weil wir kein Buch wie die Thora der Juden, den Koran, die Hindu-Veden oder die christliche Bibel haben. Sie sagen, die Jesiden hätten keine wirkliche Kultur. Aber das sind alles Lügen.« Mein Vater hielt inne. »Der wirkliche Grund, warum man die Jesiden hier nicht will, ist Macht. Unser Land ist reich an Öl.«

Adlan biss sich in die Lippe, damit sie aufhörte zu zittern. »Habgier und Wut«, sagte sie mit bebender Stimme. »Eine Tür in unserem Geist ermöglicht es diesen Monstern, einzutreten. In diesem Land, Badeeah, steht die Tür der Habgier weit offen.«

Zu achtzehnt zwängten wir uns in Khalils Pick-up.

Ich saß auf der Ladefläche in einer Ecke gleich hinter dem Fahrer mit Eivan auf dem Schoß und umringt von zehn meiner Cousins und Cousinen.

Während Khalil fuhr, sprach er auf dem Vordersitz laut über den hochgewachsenen Mann, der mit Ahmed Jasso verhandelt hatte. Anscheinend hieß der Mann in der Dischdascha Abu Hamza. Er war Moslem, aber kein Freund, sagte Khalil. Abu Hamza war ein Kleinkrimineller. Hussain, ein Mann aus unserem Dorf, hatte mit Abu Hamza im Gefängnis in Mossul gesessen, bevor der Daesch viele der Häftlinge befreite und sie ermutigte, sich der Miliz anzuschließen.

Khalil erklärte, Ahmed Jasso und ein paar der Dorfältesten Kodschos würden Abu Hamza vertrauen, was er aber für keine gute Idee halte. Die Peschmerga, die kurdischen Streitkräfte, hätten Kodscho vor Kurzem verlassen, weil sie, so behaupteten sie, das Vorrücken des Daesch in Tel Benat abwehren mussten. Doch das sei auch nur Gerede, das man für bare Münze nahm, fuhr er fort. Er schrie jetzt, um das Scheppern des Pick-ups auf der holprigen Straße zu übertönen. »Die Peschmerga haben sich gerade aus allen jesidischen Städten und aus Sindschar zurückgezogen. So als hätte man es ihnen befohlen.« Die anderen Streitkräfte in der Gegend, einschließlich der Grenztruppen und der irakischen Armee, die bisher die Straßen nach Sindschar patrouilliert hatten, waren auch verschwunden.

»Wir haben nicht einmal mehr unsere Waffen, um uns zu verteidigen«, schrie er.

Ich hatte Eivans Fußball mitgenommen, in der Hoffnung, dass wir auf dem Land ein wenig spielen könnten. Während ich nervös Khalil zuhörte, fing ich an, das Material, das sich aus dem Fußball gelöst hatte, zurück in die Naht zu flechten.

Als wir uns der Gebirgsstraße näherten, wurde der Pickup langsamer.

Autos und Kleinlaster aus anderen jesidischen Dörfern konkurrierten um Plätze auf der Straße. Wie bei uns türmten sich auf den Dächern aller Fahrzeuge und den Ladeflächen der Pritschenwagen Bettzeug, Kisten, Taschen, Koffer und Menschen. Es war so stickig und heiß, dass alle Fenster heruntergekurbelt waren. Leute riefen einander zu. Männer teilten Zigaretten, sprachen über Politik und tauschten Neuigkeiten aus, die sie gehört hatten. Frauen erkundigten sich gegenseitig nach ihren Familien und hofften, dass alle in Sicherheit seien.

Eineinhalb Kilometer lang bewegte sich Khalils Pick-up im Schneckentempo.

Als wir dann die Straße erreichten, die ins Gebirge hinaufführte, kam der Verkehr abrupt zum Halten.

Khalil hupte, fluchte und schlug mit den Fäusten auf das Armaturenbrett. Eivan zappelte in meinen Armen herum. »Er hat Angst«, sagte er.

»Nein, er ist nur wütend«, beruhigte ich ihn. Der kleine Junge schmiegte den Kopf an meinen Hals.

So weit das Auge reichte, waren Fahrzeuge zu sehen, ein Korso jesidischer Einwohner, die zu flüchten versuchten.

Adlan bat Khalil, Musik einzuschalten, aber im Radio liefen nur kurdische Nachrichten. Der Nachrichtensprecher berichtete, dass der Daesch in Sindschar einmarschierte.

Khalils Handy klingelte. »Was ist los?«, blaffte er, als er ranging. Alle waren gereizt. Durch das winzige Fenster der Fahrerkabine konnte ich Fallahs Schläfen pochen sehen.

Die Nokia-Handys, die wir benutzten, waren billig, und der Klang war schrecklich. Ich konnte den Mann am anderen Ende hören, als würde er mit uns im Fahrzeug sitzen. Es war mein Vater, der ihm mitteilte, dass Ahmed Jasso mit dem Daesch eine Übereinkunft getroffen hätte. Wenn die Jesiden zum Islam übertreten würden, könnten wir in Kodscho bleiben. Wenn nicht, würde der Daesch uns nach Kurdistan umsiedeln. So oder so würden sie uns nichts zuleide tun wollen. Ahmed Jasso hätte Zeit für uns herausgeschunden, hörte ich meinen Vater erklären, indem er sagte, dass es ein paar Tage dauern würde, die Leute zu fragen, ob sie konvertieren wollten. Die Bitte unseres *mukhtars* sei eigentlich nur eine Finte gewesen, um allen mehr Zeit zu geben, ihre Habseligkeiten zu packen. Hassan wollte, dass wir nach Hause kamen, damit wir uns gemeinsam darum kümmerten.

Bis wir mit dem Pick-up umdrehen und wieder in Richtung Kodscho fahren konnten, war es dunkel.

Khalil sagte kein Wort mehr. Stille durchbohrte uns alle wie ein Messer, während wir über die neuesten Entwicklungen nachgrübelten. Aus Adlans Geschichtsstunden wusste ich, dass das jesidische Volk schon seit dem dreizehnten Jahrhundert ständig unter Druck gesetzt wurde, zum Islam überzutreten. Viele taten es, weil die Alternative der Tod war. Adlan würde traurig darüber sein, Kodscho zu verlassen, wo sie sich ein Leben aufgebaut hatte. Aber Hassan hatte bereits mit meinen Brüdern darüber gesprochen, in Sindschar ein zweites Haus zu bauen, um näher an seiner Arbeit zu sein.

Mein anfänglicher Schock verwandelte sich schnell in Optimismus. In Kurdistan würde es Schulen mit einem säkularen Lehrplan geben. Vielleicht könnte ich dort die Oberschule abschließen und dann an einer Hochschule Krankenpflege oder Medizin studieren. Ich dachte an Nafaa, der, seit er die Grundschule verlassen hatte, Schokolade und andere Süßigkeiten verkaufte. In Kurdistan könnte er seinem Traum nachgehen, Jura zu studieren und Anwalt zu werden. In ein paar Jahren würde ich Adlan und Hassan von uns erzählen. Vielleicht würden Nafaa und ich Kurdistan nie verlassen und dort ein Haus bauen. Diese Gedanken erfüllten mich mit so viel Zuversicht, dass mir zuerst gar nicht auffiel, wie der Pick-up langsamer wurde.

Dann sah ich zu Adlan hinüber, deren Miene angespannt war.

Wir fuhren durch das jesidische Dorf Tel Qasab, das etwa fünfzehn Minuten von Kodscho entfernt lag. Dunkelheit umhüllte uns. Im Dorf war es stockfinster. Aus keinem der Häuser kam Licht.

Dann entdeckte ich den tanzenden Schein von Taschenlampen, die sich unserem Wagen näherten. Eine Straßensperre. Nichts Neues. Im Irak gab es überall Checkpoints, in der Regel von irakischen oder Peschmerga-Soldaten bemannt, die nach Ausweispapieren fragten und sicherstellten, dass Fahrzeuge keine Waffen oder Terroristen transportierten.

Aber diesmal fing mein Herz an zu pochen. Die Männer, die die Straßensperre bewachten, trugen weder die Uniform der irakischen Armee noch das Grün und Kaki der Peschmerga. Sie waren schwarz gekleidet.

Fallah fluchte.

Adlan nahm mir Eivan ab und drückte ihn fest an sich. Mein Mund wurde trocken.

Zwei Daesch-Soldaten traten an die Fahrerseite und richteten ihre Waffen ins Fahrzeuginnere. Einer fuchtelte mit seiner AK-47 in Khalils Richtung und herrschte ihn an, er solle aussteigen.

Khalils Tür öffnete sich knarzend. Ich hielt den Atem an, während mein Onkel die Hände hob und ausstieg.

Hinter den beiden Daesch-Soldaten stand eine Gruppe Männer in Dischdaschas. Sie waren die Leute mit den Taschenlampen. Als sie sich langsam nach vorne bewegten, hörte ich einen rufen: »Khalil? Khalil Ahmed aus Kodscho?«

Khalils Gesicht war weiß geworden.

»Khalil aus Kodscho?«, hörte ich die Stimme ein zweites Mal rufen. Ein lächelnder älterer Mann trat vor meinen Onkel und sagte etwas zu den bewaffneten Daesch-Männern.

»Es ist Abu Anwar«, murmelte mein Cousin Brahim, der in meiner Nähe saß. »Er ist mein *kiriv*.«

Ich konnte meine Mutter seufzen hören. Wie ich hatte sie den Atem angehalten.

Abu Anwar und die anderen arabischen Männer kamen näher und umringten Khalil. Sie redeten eine Weile mit gedämpften Stimmen, und dann gab mein Onkel Brahim ein Zeichen, er solle zu ihm kommen. Wir anderen blieben im Pick-up sitzen und schlugen die Nachtmücken weg.

Schließlich kehrten Khalil und Brahim zurück und stiegen stumm in das Fahrzeug. Als mein Onkel wieder hinter dem Steuer saß, fuhren wir langsam durch den Checkpoint. Wir hatten Kodscho schon fast erreicht, als sie uns erklärten, was passiert war. Abu Anwar, Brahims *kiriv*, hatte den Daesch-Kämpfern erzählt, dass sich unsere Familien nahestanden. Auch wenn wir zurück nach Hause fahren durften, hatte Abu Anwar meinen Onkel gewarnt, dass wir Kodscho nie wieder alleine verlassen sollten. Das nächste Mal wäre er vielleicht nicht da, um unsere Sicherheit zu gewährleisten.

Kapitel vier

15. August 2014

Einmarsch

Die Mauern unseres Hauses bebten.

Laster donnerten die Straße hinunter. Manche leuchteten weiß und hatten Raketenwerfer auf der Ladefläche. Andere waren gepanzert mit langen Geschützrohren.

Ich rannte.

Auf einmal war ich nicht mehr in Kodscho, sondern in einem dichten Wald aus Zagros-Eichen. Allem Anschein nach befand ich mich in den Bergen in der Nähe der türkischen Grenze. Ein Mann verfolgte mich und rief mir etwas in einer Sprache hinterher, die ich aus den Nachrichten als Englisch wiedererkannte.

Dann war es nicht mehr Tag. Nur das Licht eines Halbmonds schien durch einen dünnen Wolkenschleier. Ich stolperte, fiel hin und schlug mit der Schläfe gegen einen Stein. Mein Kopf pochte vor Schmerz, aber ich rappelte mich wieder hoch. Der Mann holte schnell auf.

Als ich nach Hilfe rief, antwortete mir nur meine eigene Stimme, die von den Felsen widerhallte.

Kurze Zeit später rannte ich weiter, bis ich Eivan erblickte. Er lag zusammengesunken neben einem Bach, als würde er sich zum Spielen über das Wasser beugen. Ich war so froh, ihn zu sehen. Doch als ich näher kam, bemerkte ich, dass er gar nicht spielte, sondern mit einer Hand im Bach schlief. Die andere Hand war auf seinen Rücken gedreht, als wäre sie gebrochen.

Ich schrie.

Keuchend erwachte ich aus dem Albtraum. Nachdem ich mich beruhigt hatte, sah ich mich um. Das graue Licht des Tagesanbruchs bahnte sich zwischen Fenster und Vorhang einen Weg ins Schlafzimmer. Die vertrauten Geräusche des Morgens drangen an mein Ohr: singende Nachtigallen, gurrende Tauben und zankende Hühner. Ich atmete den Geruch von Kampferöl, Zimt, Muskatnuss und Piment ein – Gewürze, die meine Mutter so oft beim Kochen benutzte, dass sie eins mit dem Haus geworden waren, zusammen mit dem herben Weihrauch aus Lalisch, den sie jeden Dienstagabend verbrannte. Für die Jesiden fängt der Tag bei Sonnenuntergang an, sodass Dienstagabend eigentlich Mittwochmorgen ist. Mittwoch ist unser Ruhetag. Wir glauben, dass an diesem Tag die Welt erschaffen wurde.

Seit unserer Rückkehr am Abend des dritten Augusts

hatte ich das Haus kaum verlassen. Ich wagte mich draußen nicht weiter als bis zum Plumpsklo oder in den Garten, wo Eivan und ich den Fußball hin und her kickten und Verstecken spielten. Obwohl ich sie nicht gesehen hatte, wusste ich, dass Daesch-Kämpfer mit Abu Hamza in unser Dorf gekommen waren, während er mit Ahmed Jasso unsere Umsiedlung nach Kurdistan verhandelte. Aus den Gesprächen der Männer, die ich mit anhörte, erfuhr ich, dass Jesiden scharenweise aus anderen Dörfern und aus Sindschar nach Kodscho strömten, um dem Daesch zu entfliehen. Auch schickte der Daesch selbst Jesiden aus anderen Städten und sogar aus Sindschar nach Kodscho.

Es gab jetzt überhaupt keinen Strom mehr und wir benutzten den Generator nur sparsam. Die Nächte waren lang und dunkel, und die jesidischen Männer blieben auf, um die Häuser zu bewachen, zu patrouillieren und sich darüber zu streiten, was sie als Nächstes tun sollten. Adlan und meine Schwestern sprachen nur wenig. Wie ich gingen sie nicht nach draußen. Während wir warteten, füllte sich das Haus mit unserer Angst und Anspannung.

Ich zog ein Kleid und eine Hose an, bürstete mir das Haar und schnappte mir einen cremefarbenen Pulli, den ich mit der Hilfe meiner Großmutter kurz vor ihrem Tod gestrickt hatte. Langsam öffnete ich die Tür, um Majida und Hadil nicht zu wecken. Ihre langen dunklen Haare waren über ihre Schlafmatten ausgebreitet. Sie waren fest in ihre Decken und Laken gewickelt, als hätten auch sie unruhige Träume gehabt.

Ich ging in den Flur, um zu beten, und blieb wie angewurzelt stehen. Der *berat* war verschwunden.

Entsetzt rief ich nach meiner Mutter.

»Was ist passiert?«, stammelte sie, während sie sich vor mich hinkniete.

»Wo ist der *berat*?«, fragte ich und zeigte mit einem zitternden Finger auf die leere Stelle, wo er gewesen war.

»Hassan hat den Lehm draußen verstreut«, sagte Adlan und setzte sich neben mich auf den Boden. Mich packte das blanke Entsetzen, als meine Mutter mir erklärte, dass der Daesch unser Geld, unseren Schmuck und unsere Häuser wollte.

Wenn Jesiden umziehen, lassen wir immer den *berat* zurück. Wie es der Brauch war, reiste er nicht mit uns. Doch es galt als ein schrecklicher spiritueller Schlag, wenn ein Haus mit dem *berat* darin zerstört wurde oder abbrannte. Wenn mein Vater die Erde verstreut hatte, bedeutete es, dass er das Schlimmste befürchtete.

»Er hat gleichzeitig dafür gebetet, dass Gott uns und unser Land beschützt«, erklärte meine Mutter. »Er meint, die Daesch-Leute seien Diebe, keine Freiheitskämpfer.«

»Aber er hat doch gesagt, dass wir nichts zu befürchten hätten.«

Adlan sah weg. »Badeeah, gib mir deine Ohrringe«,

wisperte sie, ihre Stimme kaum lauter als ein Murmeln. Mit zitternden Fingern löste ich die Goldohrringe, die mein Vater mir geschenkt hatte, als ich zwölf war: Sterne, die an drei baumelnden Pfeilern befestigt waren. Es war der einzige Schmuck, den ich besaß.

»Ich habe ganz schreckliche Träume«, gestand ich, während ich ihr die Ohrringe reichte. Ich beobachtete, wie sie sie in ein Stück Papier wickelte und in ihren orangenfarbenen Gürtel steckte. Darin waren auch Bündel von Geldscheinen, die mit einem Gummiband zusammengehalten waren, und ich bemerkte, dass Adlan auch ihre Goldohrringe und Ketten dort versteckt hatte.

Auch wenn sie es zu verbergen versuchte, konnte ich sehen, dass meine Mutter weinte. Tränen liefen ihr über die Wangen.

»Wir träumen alle schlecht«, erwiderte sie.

Wir verbrachten den Vormittag damit, weiter für unseren Umzug nach Kurdistan zu packen. Ich faltete gerade Laken zusammen, als Adlan mir zurief, ich solle den Generator einschalten. »Wir brauchen ein wenig frische Luft«, schrie sie.

Draußen herrschte eine trockene, sengende Hitze, die alles verbrannte, was man ihr zu lange aussetzte. Als ich in meine Schuhe schlüpfte, eilte Khudher herüber und bot mir seine Hilfe an. »Ihr müsst Benzin nachfüllen«, rief Adlan, während Khudher und ich aus der Eingangstür traten.

Der Generator befand sich hinter dem Haus in einer Ecke, nicht weit vom Plumpsklo.

Beim Generator beugte ich mich vor und hielt den Trichter, damit Khudher das Benzin hineingießen konnte.

Als er das Streichholz anzündete, um ihn zu starten, schoss eine flammende blau-gelb-grüne Wolke auf mich zu und traf mich am Bein. Ein starker Schmerz durchfuhr mich und ich fiel schreiend nach hinten. Als ich nach unten sah, stellte ich fest, dass sich ein Brandloch durch mein Kleid und mein Hosenbein gefressen hatte.

An der Stelle, an der das Feuer mein Bein versengt hatte, war die Haut rot und warf bereits Blasen. Ich weinte vor Schmerz und flüchtete zurück ins Haus, wo Adlan mir in ein anderes Kleid half und dann die verbrannte Haut mit Joghurt kühlte. Um mich zu beruhigen, sang sie mir ein Wiegenlied. Aber ich hörte nicht auf zu weinen. Zitternd streckte ich die Hände aus und packte Adlan und Khudher an den Armen. Der Unfall war ein schlechtes Omen. Ich wusste es einfach. »Etwas Schreckliches wird passieren«, presste ich hervor. »Ich hab solche Angst.«

Ein paar Sekunden später fing unser Haus an zu beben, genau wie in meinem Albtraum. Adlans Stahltöpfe und Teegläser klirrten. Heiße Luft und Staub wehten durch die offenen Fenster. Meine Mutter warf mir eine braune Baumwollhose zu, damit ich sie anzog.

Im anderen Zimmer konnte ich Eivan weinen hören.

Ich humpelte hinter Khudher zum Fenster und wich sofort entsetzt zurück. Weiße Laster, manche mit Raketenwerfern auf den Ladeflächen, rumpelten an unserem Haus vorbei, gefolgt von riesigen Armeepanzern.

Als ich spürte, wie Eivan am Saum meines Kleids zupfte, sah ich hinunter. In der anderen Hand hielt er sein gelbweißes Spielzeugtaxi. »Kann ich auch gucken?«, bettelte er. Er war zu klein, um aus dem Fenster sehen zu können. Doch ich war wie gelähmt und konnte ihn nicht hochheben. Wie versteinert stand ich da, während die weißen Laster einer nach dem anderen vorbeidonnerten, mit Männern beladen, die von Kopf bis Fuß schwarz gekleidet waren.

Schließlich wurde das Röhren der Fahrzeuge leiser.

Als sich der Staub legte, trat Schweigen ein.

»Sie sind weg«, sagte ich.

Eivans Augen schnellten hin und zurück, und er machte schnaubende Geräusche, wie wenn er vorgab, ein Monster zu sein. Aber diesmal war es kein Spiel. »Wir müssen uns verstecken«, winselte er. »Baba hat mir gesagt, dass wir uns verstecken sollen, wenn sie kommen.«

»Wo verstecken?«

»Im Plumpsklo!«

»Aber ... uns droht keine Gefahr«, stammelte ich. »Wir ziehen nur nach Kurdistan.« Auch wenn ich sprechen konnte, fühlte sich mein Körper immer noch wie erstarrt an.

»Baba hat gesagt, es wäre wie Verstecken spielen.«
Eivan nahm meine Hand. »Komm mit. Wir müssen Nüsse
und Früchte holen«, sagte er und zog mich mit sich.
»Kleine Sachen, die in unsere Taschen passen ... «

Vor Angst wie gelähmt sah ich zu, wie Eivan auf seinen
schwankenden Beinchen in die Küche marschierte. »Baba
sagt, wir sollen noch eine Schicht Kleider anziehen, weil
die Nächte kalt sind«, rief er über seine Schulter.

Hadil, Khudher, Majida und Adlan hatten unser Bettzeug
zusammengerollt und beluden das Auto mit unseren Vorräten. Sie wirkten ruhig. Vielleicht betrachteten sie die Laster
als ein Zeichen, dass wir endlich nach Kurdistan abreisten.

Ein Handy klingelte.

Ich schreckte zusammen.

Adlan ging ran. Es war mein Bruder Adil, der Bescheid
sagte, dass auf Anordnung vom Daesch alle in unserem
Dorf zur Schule kommen mussten. Wir sollten alle unsere
Sachen mitbringen, samt unserem Geld und unserem
Schmuck. Es war so weit. Wir verließen Kodscho.

Eivan, der in der Küche seine Taschen mit Essen voll-
gestopft hatte, schob seine verschwitzte Hand in meine.
»Wir müssen uns verstecken«, beharrte er. Adil kam durch
die Haustür gestürmt und schrie, dass wir uns beeilen sollten. Sowohl Hassans gebrauchter BMW, den er gekauft
hatte, als er in sein politisches Amt gewählt worden war,
als auch Adils Auto liefen draußen im Leerlauf.

In dem Moment verließ ein Teil von mir meinen Körper. Ich war wieder in meinem Albtraum. Die weißen Laster, die das Dorf stürmten. Der Wald mit den Zagros-Eichen. Eivan, der ins Wasser glitt. Während mein Traum mir durch den Kopf schoss, wurde mir klar, dass Eivan recht hatte. Wir mussten uns verstecken.

»Gehen wir!« Ich drehte mich zu ihm um.

Doch er war nicht da.

Meine Schwester Majida hatte ihn. Eivan schlug mit den Armen um sich, als sie ihn durch die Tür trug. Er streckte die Arme nach mir aus, aber Majida ließ ihn nicht gehen.

Ich schnappte meinen Pulli und meine Schuhe und ging nach draußen.

Majida setzte Eivan auf den Rücksitz von Adils Auto.

»Majida«, schrie ich, während sie neben ihm in die Hocke ging. »Majida, ich muss Eivan mitnehmen.«

»Wozu?«, blaffte sie.

»Ich traue dem Daesch nicht«, stammelte ich. »Wir müssen uns verstecken.«

»Nein.« Sie knallte die Tür zu.

Eivan funkelte mich durch das Autofenster böse an, wütend, weil ich nicht auf ihn gehört hatte. Von einem Fuß auf den anderen hüpfend zog ich meine Schuhe an. Die Brandwunde an meinem Bein pochte vor Schmerz, aber ich hatte keine Zeit, darüber nachzudenken.

Widerwillig stieg ich mit meiner Mutter und Hadil hinten in Hassans BMW. Ich sah, wie sich auch unsere Nachbarn in ihre Fahrzeuge setzten. Während wir auf unseren Vater warteten, der noch das Auto belud, plapperte Hadil vor sich hin, dass alles in Ordnung sei, dass die Soldaten uns kein Leid zufügen wollten. »Wir haben das ja schon mal durchgemacht, Adlan, weißt du noch?«, sagte sie. »Weißt du noch?«

Ich konnte spüren, wie sich Adlans Rücken versteifte. Hadil hatte die schlechte Angewohnheit, immer das Falsche zu sagen. Sie sprach von der Zeit, als die irakische Armee Fallah mitgenommen hatte. Unser Vater hatte die Arme meiner Mutter hinter ihrem Rücken festgehalten, als sie versuchte, dem Lastwagen mit ihrem Sohn darin hinterherzurennen. Danach übernahmen meine Schwestern und ich fast einen ganzen Monat lang das Kochen und Bestellen der Felder, weil Adlan nicht aufstehen wollte. Hassan erklärte uns, dass ihr Herz gebrochen sei.

Ich wünschte, Hadil würde die Klappe halten.

»Wir werden in Kurdistan ein neues Leben beginnen«, plapperte sie weiter.

Meine Mutter fingerte an ihren Haaren herum. Wie immer rutschten Strähnen aus ihrem *kufi*. Ich langte hinüber, um ihr zu helfen, denn ich wusste, dass sich Adlan präsentabel machen wollte. Selbst wenn die Männer, die in unser Dorf gekommen waren, uns feindlich gesinnt waren, würde sie sie auf die jesidische Art begrüßen: höf-

lich. »Lass Fremde in dein Haus, und sie werden zu Brüdern und Schwestern«, sagte sie immer.

Während Hassan fuhr, sah ich mich im Dorf um. Fast
alle waren bereits gegangen, um den Daesch zu treffen. Mit
Schrecken wurde mir bewusst, dass ich keine Tiere sehen
oder hören konnte: keine Hühner, keine Ziegen, keine
Esel ... Sogar die Dorfhunde schienen verschwunden zu
sein.

Und das Zwitschern der Vögel. Es war völlig verstummt.

Mich durchfuhr ein Schaudern, als ich mich an ein Fern-
sehprogramm erinnerte, das ich einmal als Kind gesehen
hatte. Damals war Hassan gerade als Abgeordneter der
Demokratischen Partei Kurdistans gewählt worden. Mit
seinem ersten Gehaltsscheck hatte er auf dem Gebrauchtwarenmarkt in Mossul einen Farbfernseher gekauft. Mir
gefielen die laufenden Bilder auf dem Bildschirm, und ich
schlich gerne ins Wohnzimmer, um fernzusehen, wenn
niemand da war. So eröffnete sich mir die Welt: Orte und
Menschen und vor allem Ozeane, die ich noch nie gesehen hatte, weil wir mitten in der Wüste lebten. Die Farben des Wassers wurden für mich lebendig – Lapislazu-
liblautöne, Schattierungen schimmernden Smaragdgrüns.
Ich malte mir aus, wie es wäre, mit dem Boot zu reisen und
die Rocky Mountains in Nordamerika, die ausgedehnten
Städte Europas und fernöstliche Strände zu besuchen. Eine
Sendung handelte von einem Tsunami, der 2004 Indien

und Teile des Nahen Ostens getroffen hatte. Der kurdische Sprecher redete darüber, dass Vögel und Tiere einen eigenen Sinn hätten, der sie vor bevorstehenden Gefahren warnen würde. Bevor die Flutwelle auf Land traf, waren viele Hunde, Katzen und Vögel bereits in höhere Lagen geflohen, als hätte ihr Radar sie vorgewarnt.

Ich beobachtete, wie sich auf dem Rücksitz von Adils Auto direkt vor uns Eivans Kopf auf und ab bewegte. Ich hätte auf Eivan hören sollen. Wir zwei hätten zusammen wegrennen sollen.

Kapitel fünf

Sabaya

Die weißen Laster und Panzer des Daesch umkreisten die Schule. Daesch-Kämpfer stapften auf und ab, viele waren schwarz gekleidet und hatten Munitionsgürtel um den Oberkörper geschnallt. Mir wurde schwindlig, als ich die Männer betrachtete. Die Brandwunde an meinem Bein pochte. Ich biss die Zähne zusammen und hakte mich bei meiner Mutter unter.

Ein Daesch-Soldat marschierte zum BMW herüber. Er gab uns ein Zeichen, dass wir parken sollten, und befahl meinem Vater, den Schlüssel im Schloss stecken zu lassen. »Bringt euer Geld, euren Schmuck und eure Handys mit«, knurrte er.

Als wir aus dem Auto stiegen, wurde Hassan zu einer Reihe Männer gestoßen. Adlan und ich mischten uns unter die Frauen und Kinder und verloren in der Menge Hadil, Majida und Eivan aus den Augen.

Als wir uns dem Eingang der Schule näherten, zwangen uns Daesch-Kämpfer, vor ein paar auf dem Boden ausgebreiteten Decken stehen zu bleiben. Auf einer lagen Berge von Münzen und gebündelten Scheinen. Auf einer anderen türmten sich Handys. Und auf einer dritten waren Ketten und Armreife aus Gold und Silber aufgehäuft, manche mit eingesetzten Diamanten und anderen Edelsteinen. Kodscho war reich, weil wir so viel Ackerland besaßen, auf dem wir Getreide anbauten. Eingebettet zwischen Syrien und dem restlichen Irak gab es hier auch viele Märkte, auf denen wir unsere Waren verkaufen konnten.

Beim Anblick der Reichtümer unseres Dorfes hatte ich einen Kloß im Hals. Mit dem Lauf seines Gewehrs schlug ein Daesch-Soldat Adlan gegen die Schulter. »Her damit«, zischte er auf Arabisch, während er auf ihren Gürtel zeigte. Offensichtlich kannte der Daesch die Verstecke der Frauen. Schweißperlen traten auf die Oberlippe meiner Mutter. Als der Soldat sie ein weiteres Mal anherrschte, schob Adlan ihre gekrümmten Finger hinter den Gürtel. Ich sah zu, wie sie zuerst die Dinare herausholte, dann meine Ohrringe und schließlich mit zitternder Hand ihren Goldschmuck, der zum Teil von ihrer Hochzeit mit meinem Vater stammte.

Im Schulgebäude gingen Adlan und ich die Treppe zum zweiten Stock hinauf, während sich meine Nägel in ihr Fleisch gruben. Zum Teil, damit ich sie nicht verlor, zum

Teil aus Nervosität. Wir bewegten uns mit dem Strom anderer jesidischer Mädchen und Frauen, bis wir uns in einem Klassenzimmer befanden. Es erinnerte mich an meine Grundschulzeit. In den Pausen hatten meine Cousine Nadia und ich dort immer Vater-Mutter-Kind gespielt. Wir hatten beide von unseren Müttern genähte Stoffpuppen. Sie trugen jesidische Tracht – weiße Kleider mit roten Gürteln, um Liebe zu symbolisieren, und *kufis* auf dem Kopf.

Jetzt war der Raum mit Frauen und Mädchen gefüllt, die vor Angst zitterten und sich gegenseitig festhielten.

Über uns im dritten Stock konnten wir die schweren Schritte von Daesch-Kämpfern hören, ihr eindringliches Gelächter und ihre lauten Gespräche auf Arabisch.

Niemand im Klassenzimmer sagte ein Wort. Plötzlich fiel die Tür knallend zu und die Fenster klirrten.

Eine schwarze Wolke umhüllte uns. Draußen schien die Nacht hereingebrochen zu sein, obwohl es mitten am Tag war.

Frauen fingen an zu kreischen. Kinder weinten panisch vor Angst. Jemand schrie, es wäre das Ende der Welt.

Adlan und ich umarmten uns und blickten in benommenem Schweigen nach draußen. Es war ein Sandsturm. Sand peitschte auf, wirbelte immer schneller und schneller in die Höhe und nahm uns die Sicht auf alles, was draußen passierte.

Türen öffneten sich und knallten zu, als der Wind durch die Gänge der Schule heulte. Plötzlich konnte ich weder schlucken noch atmen.

Ich kniff die Augen fest zu.

Schließlich legte sich der Sandsturm und Tageslicht kehrte zurück. Aber wir, die wir in dem Raum gefangen waren, steckten immer noch in einem Albtraum fest.

Über uns und um uns herum hörten wir Handgemenge und dann Schüsse. Ein Schrecken ging durch das Zimmer und wir klammerten uns aneinander. Alte Frauen murmelten Gebete.

Ahmed Jasso, unser *mukhtar*, kam ins Klassenzimmer, das Gesicht angespannt und gerötet. Unter seinen Achseln breiteten sich Schweißflecken aus. Mit zittriger Stimme sagte er, dass wir, falls wir noch Dinare, Handys oder Schmuck zurückhielten, alles sofort aushändigen müssten. »Lasst uns den Daesch einfach ausbezahlen und das Dorf verlassen«, flehte er und erinnerte uns daran, dass der Daesch versprochen hatte, uns nach Kurdistan zu bringen. Hinter Ahmed Jasso tauchte ein großer fetter Mann in einer langen braunen Dischdascha auf mit einem schwarzen Schal, den er locker über dem Kopf trug.

Sanaa, ein Mädchen, das ich aus der Grundschule kannte, packte meinen freien Arm. Eine Frau, die ich noch nie gesehen hatte, und ihre vier Kinder drängten sich gleich hinter mir zusammen.

»Werdet ihr zum Islam übertreten?«, schrie der fette Mann. Seine dröhnende Stimme hallte von den Wänden wider. Das Klassenzimmer war abgesehen von unseren Körpern völlig leer. Die Schule hatte vor Kurzem alle Tische und Stühle verkauft und wartete auf die Lieferung der neuen Möbel.

Der Mann war so riesig, dass er mich an eine Eiche erinnerte. Er musste sogar den Kopf einziehen, als er durch die Tür trat. Ich warf einen kurzen Blick auf sein Gesicht und schaute gleich wieder weg, doch ich hatte seine Augen gesehen. Sie waren dunkel und kalt, wie glänzende schwarze Murmeln.

»Woher kommst du?«, rief ihm die Frau mit den vier Kindern zu.

Der Mann neigte den Kopf und musterte die Frau. Ein Schauer durchfuhr mich. Ich hatte Angst um die Frau, aber sie ließ sich nicht einschüchtern. Sie trat auf den Mann zu, während ihre Kinder weiter an ihr hingen. »Ich bin Ärztin in Sindschar«, sagte sie. »Ich bin mit meinen Kindern in Kodscho. Ihr müsst uns gehen lassen.«

»Tretet ihr zum Islam über?«, blaffte der Mann und machte einen Riesenschritt auf sie zu. Seine Spucke landete auf ihrem Gesicht.

Zu meiner Überraschung meldete sich meine Mutter zu Wort. Mit sanfter Stimme fragte sie unseren *mukhtar*: »Was haben die Männer geantwortet?«

»Sie haben abgelehnt«, erwiderte Ahmed Jasso.

Die Frauen im Raum senkten eine nach der anderen den Kopf und murmelten, dass sie nicht konvertieren würden – alle außer der Ärztin aus Sindschar. Sie trat nah an den Mann in der Dischdascha heran. »Ihr müsst uns freilassen«, sagte sie noch einmal, ihre Stimme voller Autorität. »Uns alle.«

»Wie heißt du?«, fragte der Mann.

»Manje«, antwortete sie. »Und wie heißt du? Wo kommst du her? Saudi-Arabien? Ich erkenne es an deinem Arabisch.«

Der Mann kratzte sich am Bart, der wie sein Haar schwarz, kraus und drahtig war. Dann lachte er hämisch. »Trittst du zum Islam über?«, fragte er Manje noch einmal.

Manje schüttelte langsam den Kopf. Der fette Mann schnippte mit den Fingern, und drei Daesch-Soldaten, schwarz gekleidet und mit vermummten Gesichtern, stürmten in den Raum. Einer packte Manje. Ihre Kinder kreischten, als ihre Mutter von ihnen weggezerrt wurde. Der zweite Mann richtete sein Gewehr auf den Rest der Frauen. Der dritte hatte ein langes Messer, wie man es zum Schlachten von Tieren benutzte. Als Manje beim Kragen ihres Kleids aus dem Raum geschleift wurde, wollten ihre Kinder hinterherrennen. Einige der anderen Frauen hielten sie fest, während sie sich zu befreien versuchten.

Der Mann mit dem Messer brüllte uns an, dass wir nach unten in den Hof gehen sollten. Die Frauen und Kinder im Raum schrien daraufhin so laut los, dass mir die Ohren klangen.

Ich umklammerte fest die Hand meiner Mutter, aber kurz vor der letzten Stufe spürte ich, wie sie aus meiner gerissen wurde. Jemand hatte mich an den Armen gepackt und drehte sie mir auf den Rücken. Fleischige Hände stießen mich in die Menge. Als ich mich endlich umdrehen konnte, war Adlan verschwunden.

Tränen liefen mir über die Wangen. »Mama!«, brüllte ich.

Ich steckte in einem Meer von Körpern fest, Frauen, Mädchen und ein paar kleine Jungen.

Wo waren unsere Männer?

Vor mir entdeckte ich eine Gruppe Mädchen, unter ihnen auch meine Cousine Nadia und meine Schwestern Hadil und Majida. Sie stiegen gerade auf die Ladefläche eines unserer Pritschenwagen, während bewaffnete Daesch-Männer danebenstanden. Ahmed Jasso rief uns zu, dass wir uns beruhigen sollten. »Wir fahren nach Solagh«, schrie er – das war eines der vielen jesidischen Dörfer, die Sindschar umgaben. »Dort werdet ihr mit den Männern wiedervereint, und dann machen wir uns auf den Weg nach Kurdistan.« Während er sprach, gestikulierte er wild mit der Hand und bedeutete uns, dass wir leise sein

und uns beruhigen sollten. Aber seine zusammengebisse-
nen Zähne und seine gerunzelte Stirn straften seine Worte
Lügen.

In dem Moment zwängte sich der zwölfjährige Aryan,
der Sohn eines Mannes namens Ali, an mir vorbei. Aryans Gesicht war rot und mit Rotz und Tränen verschmiert.
Er schrie, dass der Daesch seinen Vater umgebracht hätte.
»Ich habe es gesehen, ich habe es gesehen«, kreischte er
und übertönte Ahmed Jasso, der uns weiter anflehte, uns
keine Sorgen zu machen. »Die Daesch-Leute sind Mör-
der!«, rief Aryan.

Ich blickte angestrengt um mich, auf der Suche nach
meinen Brüdern und Hassan. Schüsse hallten vom Beton
wider. Noch mehr Geschrei.

Mir drehte sich der Kopf, meine Beine wurden schwach,
und ich spürte, wie ich auf den Boden sank. Als mein Körper nach vorne sackte, sah ich es.

Eivans weiß-gelbes Taxi ragte aus dem Sand. Ich nahm
es schnell und steckte es in die Tasche meines Pullis.

»Eivan!«, brüllte ich, weil ich wusste, dass er ganz in der
Nähe sein musste. »Eivan!«

Ein Schlag traf mich im Rücken. Hände zogen mich an
meinen Kleidern hoch. Eine Faust in meinem Kreuz stieß
mich vorwärts. Ein Daesch-Soldat schubste mich und schrie
mich an, dass ich mit den anderen jungen Frauen gehen solle.

Vor mir erblickte ich den riesigen Saudi aus dem Klassenzimmer. Er stand breitbeinig da, hatte die Arme über seiner stämmigen Brust verschränkt und konzentrierte sich auf etwas hinter mir. Ich drehte mich um und folgte seinem Blick. Er betrachtete Eivan.

Ich holte tief Luft, drückte die Fersen in den Boden und duckte mich tief, um dem Daesch-Mann hinter mir zu entschlüpfen. Dann eilte ich auf Eivan zu und nahm ihn in die Arme, kurz bevor der Saudi ihn ebenfalls erreichte.

Eivan zitterte und rief nach seinem Vater. Ich hielt die Lippen an sein Ohr und bat ihn, still zu sein. Aber er hörte nicht auf mich.

»Wer ist das?«, wollte der Saudi von mir wissen, während er auf Eivan zeigte.

Ich überlegte hektisch.

Eivan weinte jetzt. Ich wollte, dass er sich beruhigte, damit ich nachdenken konnte. Da sah ich Viyan, die gerade Mutter geworden war, wie sie auf den Rücksitz eines anderen Pick-ups stieg. In den Armen hielt sie ihr Baby.

»Wer ist das?«, fragte der Mann noch einmal und trat so nah an mich heran, dass ich seinen dunstigen Atem auf meiner Wange spüren konnte.

»Mein Sohn«, sagte ich außer Atem. »Mein Sohn«, wiederholte ich lauter.

Ich senkte den Blick, weil ich nicht wollte, dass meine Augen mich verrieten.

Ich beobachtete, wie der Mann die Fäuste ballte und

wieder öffnete. Er hatte Haare auf den Knöcheln, die so groß waren wie der Rest von ihm und sich weiß von seiner braunen Haut abhoben. Seine Fingernägel waren dreckig, als hätte er in der Erde gescharrt.

Ich wiegte Eivan hin und her. »Schh«, gurrte ich ihm ins Ohr.

»Da rüber«, knurrte der Mann schließlich und zeigte auf den Pick-up, in dem Viyan und ihr Baby saßen.

Als ich hinüberging, erhaschte ich Blicke von arabischen Männern aus nahe gelegenen Dörfern. Sie schauten aus der Ferne zu und taten nichts, um den Daesch aufzuhalten. Ich erkannte viele Männer, Männer, die regelmäßig zu uns nach Hause kamen und mit Hassan Tee tranken. Brahims *kiriv* Abu Anwar stand auch inmitten der Gruppe. Als sich unsere Blicke trafen, sah er schnell weg.

Ich hatte keine Zeit nachzudenken, da Eivan immer noch weinte und nach seinem Vater rief.

Entsetzen durchfuhr mich. Was, wenn er nach seiner echten Mutter fragte und meine Lüge aufdeckte? Ich musste Eivan beruhigen und ihn dazu bringen, mir zu vertrauen.

Ich führte die Lippen so nahe an sein Ohr, dass sie es berührten. Im Flüsterton erzählte ich ihm von der Zeit, als ich mich im Wald von Lalisch verirrt hatte und ein Schmetterling aus dem Nebel auftauchte, um mich zurück zu den anderen zu führen.

»Hat dir deine Mutter schon von Khatuna Fakhra erzählt?«, fragte ich, wobei ich so leise wie möglich sprach. Eivan murmelte »Nein«.

»Alles im Universum hat ein Gegenstück. Khatuna Fakhra stellt die Energie der Frauen dar. Sie ist das Weibliche des Universums, der weibliche Teil unserer Kultur. Sie ist ein Engel, eine Legende, eine Heilige. Ihre Energie leitet und beschützt Frauen, Mädchen und Kinder. Denk jetzt an sie. Wie der Schmetterling, der mich in Lalisch geführt hat, wird sie uns sicher nach Hause bringen«, sagte ich zu Eivan, als wir uns neben Viyan setzten.

Zum Glück beruhigte er sich bei meinen Worten.

Als wir im Pick-up saßen, hielt ich Eivan auf meinem Schoß mit dem Gesicht zu mir, damit er nicht sehen konnte, was passierte. Neben mir saßen Viyan und ihr Baby. Auf ihrer anderen Seite war eine Frau namens Ghalya, die ihrerseits ihren Säugling an sich drückte.

Die Schreie von Frauen und Kindern wurden lauter, als noch mehr Schüsse zu hören waren – diesmal Schnellfeuer aus Automatikgewehren, gefolgt von einzelnen Schüssen.

Eivans Körper wurde hart und kalt.

»Was ist da los?«, rief Viyan dem Daesch-Soldaten zu, der auf den Fahrersitz gesprungen war. Sein Gesicht war nicht vermummt, und ich rutschte ein wenig zur Seite, damit ich ihn im Rückspiegel betrachten konnte. Er sah jünger aus als ich.

Wieder ertönten Schüsse.

Als sich der Soldat zu uns umdrehte, erkannte ich, dass ich recht gehabt hatte. Unser Fahrer war noch ein Kind, gerade mal ein Teenager. »Wir bringen eure Hunde um«, sagte er und kräuselte aggressiv die Lippe.

»Ihr bringt nicht unsere Hunde um«, gab ich zurück und erschrak selbst über meine Aufmüpfigkeit. In mir brodelte Wut darüber, was Krieg Kindern antat, was er meinen Brüdern Adil und Fallah angetan hatte und was er jetzt mit diesem Jungen anstellte, der zum Feind geworden war. Der Fahrer funkelte mich böse an. »Alle Hunde sind weg«, fuhr ich fort. »Sie sind weggerannt, als ihr angekommen seid.«

Der Junge machte Anstalten, mich zu schlagen. Ich kniff die Augen zusammen. Als ich sie wieder öffnete, fummelte er am Schlüssel im Zündschloss herum. Er wusste nicht einmal, wie man den Pick-up anließ. Schließlich gelang es ihm, den Schlüssel richtig hineinzustecken. Der Motor hatte eine Fehlzündung und das Fahrzeug machte einen Satz nach vorn. Kurz darauf fuhren wir im Schritttempo durch die Stadt, an Kodschos Läden vorbei, die unbefestigten Straßen und Wege entlang, die zu unseren Feldern führten, und schließlich vorbei an unseren Häusern.

Ich blickte fest auf die Haustür meiner Familie, bis sie irgendwann aus meinem Blickfeld verschwand.

Kapitel sechs

Gefangen

Ein Konvoi hatte Kodscho verlassen, mit dem der Daesch uns in unseren eigenen Fahrzeugen wegbrachte. Das Donnern von Auto- und Lastwagenmotoren war anfangs ohrenbetäubend.

Auf der Fahrt wiegte ich Eivan in den Armen und dachte an meine Mutter und an alles, was sie mir über die Jesiden beigebracht hatte. »Wir sind ein starkes Volk«, sagte sie immer. »Wir haben zweiundsiebzig Massaker überlebt. Hasse nicht, Badeeah. Unsere Seele nicht zu verlieren, ist die eigentliche Überlebensprobe.«

Unser Pick-up blieb stehen.

Ich sah auf und erkannte, dass wir in Hatimiya waren, einem Dorf in der Nähe des Bergs, wo wir Jesiden unsere Toten begraben. Der Konvoi hatte uns offenbar abgehängt.

»Was ist passiert?«, wollte Ghalya wissen. »Warum bleiben wir hier stehen?«

»Ich weiß nicht, wo wir sind«, gab der Junge zu, während er das Steuer fest umklammerte.

»Was? Wo kommst du her?«, fragte ihn Viyan.

»Mossul.« Der Junge hatte eine hohe Stimme.

Ich ging dazwischen. »Wohin fahren wir?«, blaffte ich ihn an.

»Nach Solagh, um die anderen zu treffen«, antwortete er knapp. »Genau wie euer *mukhtar* gesagt hat.«

»Und dann weiter nach Kurdistan?« Meine Stimme zitterte.

Er nickte. Ich glaubte ihm nicht, aber ich musste mich an etwas festhalten, auch wenn es nur ein Hoffnungsschimmer war.

»Wirklich?«, warf Ghalya ein.

»Ja!«, schrie er. »Aber wenn ich euch nicht nach Solagh bringe, töten sie uns. Uns alle!«

Viyan, Ghalya und ich sahen einander an, unsicher, was wir tun sollten.

Der Kindersoldat blickte zu uns und wieder weg, als hätte man ihm beigebracht, uns nicht in die Augen zu schauen. »Wir wollen niemandem etwas zuleide tun«, sagte er mit zittriger Stimme.

»Warum haben sie die Männer von den Frauen getrennt?«, fragte ich. »Warum konntet ihr uns nicht einfach von Kodscho nach Kurdistan bringen?«

»Wir hatten Angst, dass eure Männer sich gegen uns

auflehnen würden«, erwiderte der Fahrer. »Solange sie von euch getrennt waren, wussten wir, dass sie nicht versuchen würden, uns zu überwältigen. In Solagh haben wir Verstärkungstruppen für den Fall, dass eure Männer beschließen sollten, sich zur Wehr zu setzen.«

»Was ist mit den Schüssen?«, drängte ich weiter. »Sag uns die Wahrheit. Du weißt, dass die Soldaten nicht unsere Hunde getötet haben.«

»Es waren nur Schüsse in die Luft«, gab er zurück. Plötzlich hörte ich Aryans Stimme in meinem Kopf, wie er schrie, dass man seinen Vater Ali umgebracht hatte. Mein Kopf brummte. Meine Schläfen pochten. Ich wusste nicht, was ich glauben sollte. Ich wollte, dass dieser Albtraum ein Ende hatte.

Ghalya lehnte sich vor und lenkte den Jungen aus dem Dorf und auf die Straße nach Sindschar und Solagh.

Mittlerweile schien die Sonne wieder. Der Sandsturm war schon lange vorbei, was mich überraschte. Im Mai und Juni rechneten wir immer mit Sandstürmen, weil sich zu der Jahreszeit Temperatur und Luftdruck sehr schnell veränderten. Diese Stürme kamen jedoch nicht aus dem Nichts und verschwanden dann wieder, so wie der heute. Für gewöhnlich zogen erst dunkle Wolken auf, die einen Sturm ankündigten. Was auch immer in Kodscho passiert war, kam selten vor, wie ein Blitz an einem wolkenlosen Tag.

Eivan fragte müde, ob wir nach Hause fuhren.

»Nein. Ich glaube, wir fahren nach Kurdistan, wo wir deine Mutter und deinen Vater wiedertreffen«, flüsterte ich ihm ins Ohr. »Aber, Eivan, du musst etwas für mich tun.«

»Was?«

»Sag Mama zu mir ... nur bis wir in Kurdistan sind, in Ordnung?«

»Warum?« Er sah auf und rieb sich die schläfrigen Augen mit staubigen Fäusten.

»Weil wir ein Spiel spielen«, sagte ich schnell.

Eivans Augen leuchteten auf. Er liebte Spiele.

»Weißt du noch, der Schmetterling, von dem ich dir erzählt habe? Der mich aus dem Wald und zurück nach Lalisch geleitet hat?«

»M-hm?«

»Es werden noch andere Dinge wie der Schmetterling erscheinen, um uns zu helfen. Aber sie können sich uns nur zeigen, wenn wir still sind. Wenn unsere Köpfe voller Sorgen oder wir aufgebracht oder wütend sind, bleiben diese besonderen Kräfte im Verborgenen. Das Erste, was du bei diesem Spiel tun musst, ist, mich Mama zu nennen. Wenn dich irgendjemand fragt, musst du sagen, dass ich deine Mutter bin. Das ist Teil des Spiels.«

Eivans Lippen öffneten sich zu einem schwachen Lächeln.

»Steck deine Hand in meine Tasche«, sagte ich.

Als Eivan sein Spielzeugtaxi entdeckte, tanzten seine Augen.

Der junge Fahrer hielt den Pick-up vor der Berufsschule in Solagh an. Ich hatte vom langen Sitzen in derselben Position Krämpfe in den Beinen, und sie waren ganz steif, als ich aus dem Fahrzeug stieg. Jegliche Sanftmut, die der Fahrer uns gezeigt hatte, verschwand, als er vor den anderen Daesch-Kämpfern den starken Mann markierte. Er schrie mich an, dass ich mich beeilen sollte, und trat mir in die Waden, als ich mich zu langsam bewegte.

Ich zuckte zusammen, da ich wieder an mein verbranntes Bein erinnert wurde, und nahm Eivan auf den Arm.

Sobald wir im Gebäude waren, trieben uns die Daesch-Soldaten nach hinten in den Garten, wo die anderen Frauen und Mädchen aus unserem Dorf bereits versammelt waren. Alle hatten denselben verängstigten Ausdruck im Gesicht.

»Was geht hier vor?«, fragte ich laut.

»Ich weiß es nicht«, hörte ich eine vertraute Stimme hinter mir.

Mein ganzer Körper kribbelte, als ich mich langsam umdrehte. Adlan eilte an meine Seite und ergriff meinen Ellbogen.

Etwas an ihr hatte sich verändert, fiel mir auf. Ihre Schultern waren nicht mehr zusammengesackt. Sie hatte keine dunklen Ringe unter den Augen und wieder Farbe im Gesicht. Sogar ihr Griff war stark. Da erkannte ich es: Meine Mutter hatte keine Angst mehr.

Sie nahm Eivan in die Arme, und wir drängten uns eng zusammen, während wir den Garten nach meinen Schwestern absuchten. Wege aus Betonplatten wanden sich zwischen hohen, weideartigen Spindar-Bäumen und kleinen, gedrungenen Nadelbäumen, in deren Nähe ich an jedem anderen Tag gerne gesessen hätte, um ein Buch zu lesen. Wie im August üblich war das Gras braun.

Adlan winkte, und als ich aufsah, entdeckte ich Hadil und Majida, die durch die Menge auf uns zukamen.

Hinter meinen Schwestern ging ein Daesch-Soldat, der Süßigkeiten an die Kinder verteilte. Ich erschauderte, als ich die Verpackung erkannte. Die Aufschrift war auf Kurdisch. Unsere Sprache, Shingali, ist ein Dialekt des Kurmandschi, einer der kurdischen Sprachen. Shingali ist eine Mischung aus Kurdisch und Aramäisch, einer sehr alten Sprache aus dem Nahen Osten. Ich erkannte die Bonbonmarke – nicht nur die Schrift, sondern auch die glänzende Verpackung. Das waren die Süßigkeiten, die Nafaa in seinem Laden verkaufte. Der Daesch hatte uns nicht nur unser Geld, unsere Handys und unseren Schmuck weggenommen. Sie hatten auch unsere Läden geplündert.

Eivan nahm sich zwei, riss das Papier ab und steckte sie sich in den Mund. Adlan gab uns ein Zeichen, dass wir uns alle hinsetzen sollten. Ein anderer Daesch-Soldat verteilte schwarze und braune Kopftücher. Er brüllte uns an, dass wir sie anziehen sollten.

»Habt ihr ihnen irgendwas erzählt?«, flüsterte meine Mutter uns zu, nachdem sich die Soldaten entfernt hatten.

»Was zum Beispiel?«, fragte Majida.

»Ich weiß nicht. Etwas, das euch herausstechen lässt? Etwas, das ihnen in Erinnerung bleibt?«

Ich erstarrte. Der Kindersoldat würde wissen, wer ich war. Er würde sich daran erinnern, dass ich ihm Widerworte gegeben und Fragen gestellt hatte.

»Ich habe dem Daesch erzählt, Eivan wäre mein Sohn«, sagte ich mit zitternder Stimme. »Dem großen Mann aus dem Klassenzimmer, der alles leitet. Dem habe ich es erzählt. Ich hatte Angst, er würde Eivan wegbringen, und habe ihn deshalb auf den Arm genommen.«

»Gut«, warf Adlan ein. »Gut«, wiederholte sie. Ich entspannte mich ein bisschen.

Ich konnte den Blick nicht von meiner Mutter losreißen. Es war, als würde ich sie zum ersten Mal sehen. *Dake* hatte mir erzählt, dass Adlan eine der gefragtesten Frauen in unserem Stamm, den Mandki, gewesen sei, als sie das Heiratsalter erreichte. Sie war mit ihren langen braunen Haaren und dunklen Augen nicht nur einfach attraktiv gewesen. Sie besaß auch eine ruhige, aber starke Präsenz. »Alle Männer waren von ihr beeindruckt«, hatte *dake* gesagt.

»Männer können sich vor der Macht der Frauen fürchten oder sich zu ihr hingezogen fühlen. Und im Gegensatz zu vielen anderen ließ deine Mutter zu, dass ihre Macht durch sie hindurchfloss. Sie war der Energie von Khatuna Fakhra sehr nahe.«

»Was werden die Daesch-Leute tun, wenn sie herausfinden, dass ich gelogen habe?«, fragte ich sie.

»Sie dürfen es nie erfahren«, antwortete Adlan scharf. »Aber mach dir keine Sorgen«, fügte sie sanfter hinzu. »Sie werden nicht fragen. Ihre Sicht ist vernebelt. Du und Eivan seid sicherer zusammen.« Sie sah sich im Garten um, weil sie sich vergewissern wollte, dass in der Nähe niemand vom Daesch horchte. »Ich glaube nicht, dass wir nach Kurdistan gehen«, sagte sie leise.

»Was ist mit Hassan, Adil, Fallah?«, fragte Hadil und verstummte. Während sich Adlans Stimmung gebessert hatte, verschlechterte sich Hadils rasant. Sie ließ die Schultern hängen und wirkte kleiner, fast wie ein Kind. Ununterbrochen band sie Knoten in den Stoff ihres Kleids und löste sie wieder.

Adlan schüttelte den Kopf. »Ich weiß nicht, was ich euch sagen soll.« Wir rutschten enger zusammen. »Ich glaube«, setzte sie an und unterbrach sich. »Ich glaube, wir werden ... *ihr* werdet verkauft.« Ich konnte es in ihrer Stimme hören: Sie hatte sich mit ihrem Schicksal abgefunden, aber in der wenigen Zeit, die ihr noch blieb, würde sie den Menschen um sich herum, angefangen mit uns, alles geben, was sie konnte. Adlan würde die Dunkelheit mit Licht bekämpfen und ihr ganzes Wissen teilen.

Eivan lag auf dem Rücken und spielte glücklich ein Fingerspiel, das Adlan mir und meinen Geschwistern beigebracht hatte, als wir klein waren.

»Wozu verkaufen sie uns?« Ich zitterte. Auch wenn ich die Antwort hören musste, wollte ein Teil von mir sie lieber nicht wissen.

Majida und meine Mutter tauschten einen Blick. Majida sprach weiter. » Sie werden die Jungfrauen ... die Mädchen ... als Erstes verkaufen«, sagte sie kopfschüttelnd und wischte sich Tränen vom Gesicht. »Badeeah, was dir widerfahren wird, ist weder Liebe noch Heirat. Es ist Missbrauch und Gewalt und Krieg ... vergiss das nicht.«

Heirat. *Heirat.* Ich wollte Nafaa heiraten. »Adlan«, warf ich ein, »ich habe es dir nie erzählt, aber es gibt jemanden, den ich heiraten will ...« Ich weinte jetzt auch.

»Ich weiß von dir und Nafaa«, sagte meine Mutter. Sie streichelte mir übers Gesicht. »Hassan und ich unterstützen eure Heirat, wenn ihr alt genug seid. Aber jetzt wirst du erst einmal durch einen finsteren Tunnel gehen. Direkt unter dem Licht ist es immer am dunkelsten. Du wirst auf die Probe gestellt werden. Jeder Mensch auf der Welt wird auf die eine oder andere Art auf die Probe gestellt. Das ist jetzt deine Schule des Lebens, Badeeah. Du wirst es überstehen. Das ist eine Gewissheit. Ungewiss ist jedoch, wann und wie.«

Da erinnerte ich mich an Hassans Worte auf unserer Fahrt nach Sindschar, als ich fünf war. »Der Sinn unseres Lebens besteht darin, an Liebe festzuhalten, damit auf die Dunkelheit irgendwann der Morgen folgt«, hatte mir mein Vater gesagt. Bei jenem Ausflug hatte ich meine Staatsange-hörigkeitsurkunde erhalten, meine *jinsiya*. In jenem Herbst kam ich auf die Schule.

Daesch-Soldaten drehten jetzt im Garten ihre Runden und teilten Reis-Kartoffel-Suppe aus.

»Versprich mir eins«, flüsterte Adlan und umklam-merte meinen Arm.

Ich nickte. »Was immer du willst. Ich verspreche dir, was immer du willst.«

»Bring Eivan sicher zurück.«

Kapitel sieben

Haltlos

Ich erwachte in einem Bus.

Wenn man es wach sein nennen konnte.

Meine Augen öffneten sich zuckend und schlossen sich wieder. Mein Kopf pochte. Nur mit Mühe konnte ich mich an irgendetwas erinnern. Vor meinem geistigen Auge sah ich nichts als Bilder von Männern in Schwarz, die Schule in Kodscho, den Sandsturm, der den Tag zur Nacht machte, die Waffen ... den Mann mit dem Messer. Ich erinnerte mich daran, dass ich Adlan versprochen hatte, Eivan zu beschützen.

Eivan war mit mir im Bus. Aber auch er kam und ging wie die Gezeiten, erwachte und schlief wieder ein.

Ich hielt ihn in den Armen, wiegte ihn wie ein Baby und tat so, als wäre er jünger als seine drei Jahre, damit der Daesch ihn mir nicht wegnahm. Denn in Kodscho und Solagh hatte ich gesehen, dass die jüngsten Kinder bei ihren Müttern bleiben durften. Ältere Kinder trennten sie von ihren Eltern.

»Mein Baby«, murmelte ich liebevoll jedes Mal, wenn die Männer in der Nähe waren. »Mein kleines Baby.«

Allmählich kam meine Erinnerung zurück, angefangen mit Solagh. Nach der Mahlzeit aus Reis-Kartoffel-Suppe hatte der Daesch uns befohlen, zurück ins Gebäude zu gehen, und uns gewarnt, dass Bombenflugzeuge im Anflug seien. Wenn sie uns sahen, würden sie uns alle umbringen, behauptete ein Daesch-Kämpfer. Wir waren etwa vierhundert. Frauen, Mädchen und kleine Kinder drängten sich aus dem Garten nach drinnen und suchten sich entlang der kühlen Gänge einen Platz zum Sitzen. Bevor mich der Schlaf übermannte, daran erinnerte ich mich, hatte ich Adlan gefragt: Wenn die Jagdbomber es auf den Daesch abgesehen hatten, warum sollten sie dann uns bombardieren? Waren die Peschmerga, die irakische Armee oder die Amerikaner unterwegs, um uns zu retten?

Als ich das nächste Mal aufwachte, brachte man Majida und Hadil weg. Ich hatte versucht, mich aufzusetzen, war aber zu schwach, um ihnen hinterherzurennen. Adlan fand jedoch die Kraft. Sie sprang auf, schrie ihre Namen und eilte ihnen hinterher.

Sie verschwanden um eine Ecke.

Ich hörte Schüsse wie zuvor in Kodscho. Schnellfeuer, halb automatische Waffen.

Dann Stille.

Viyan war mit ihrem Baby nah an meine Seite gerückt und flüsterte, sie glaube, dass der Daesch Beruhigungsmittel in unser Essen mischen würde. »Sie wollen nicht, dass wir uns wehren«, murmelte sie.

»Ach, das ist der Grund, warum ich ständig eindöse«, sagte ich zu ihr. »Deshalb habe ich keine Energie.«

Dann trafen die langen Busse ein.

Zu zweit oder zu dritt teilten wir uns jeweils einen Sitz. Wir lehnten uns aneinander und glitten hinein und heraus aus unseren Träumen und Albträumen.

Von Zeit zu Zeit schnappte ich ein paar Worte der Daesch-Kämpfer auf. »Wir lassen fünfzehn Frauen in Tal Afar zurück. Vierzig aus diesem Bus sollen in Mossul bleiben.«

Der Bus schwankte wie ein Boot, wenn er langsamer wurde und in den Dörfern anhielt, durch die wir fuhren. Männer stiegen ein, liefen den Gang auf und ab und starrten uns an. Wenn sie auf ein jesidisches Mädchen oder eine jesidische Frau zeigten, entfernte man sie aus dem Bus. »Wer wird mich heiraten?« Ein älterer Mann strahlte uns mit einem zahnlosen Grinsen an.

Ein jesidisches Mädchen knurrte ihn an: »Wer würde mit dir gehen wollen, alter Mann? Du bist älter als unsere Väter!«

Als ich sah, wie ihm die Schamesröte ins Gesicht schoss,

wurde mir bewusst, dass ein paar Männer noch daran erinnert werden konnten, wie falsch die Taten des Daesch
waren. Aber sie waren zu feige, um uns zu beschützen.

Beim nächsten Halt sprang ein Junge in Sportkleidung
in den Bus und höhnte, dass wir Jesiden jetzt Sklaven seien.
»Ihr seid *sabaya*!«, schrie er triumphierend. Der Junge war
noch jünger als der Fahrer, der uns von Kodscho nach Solagh gebracht hatte.

Der Bus fuhr immer bei Nacht. Jeden Morgen, soweit
ich mich erinnere, wurden wir aus dem Fahrzeug geführt
und in Schulen zusammengepfercht, in Städten, von denen
ich zwar schon gehört hatte, aber in denen ich noch nie gewesen war. Dort gab man uns zu essen, in der Regel einfa-
chen weißen Reis, manchmal Nudeln, manchmal Kekse.
Irgendwann waren die Süßigkeiten, die man an die Kinder
verteilte, nicht mehr auf Kurdisch, sondern auf Arabisch
beschriftet. Wir tranken Wasser aus den Hähnen in den
Toiletten, die von unseren Exkrementen überschwemmt
waren, oder aus den Eimern, die der Daesch uns hinstellte.
Wir waren so viele, dass der Platz auf dem Boden oft nicht
ausreichte, damit sich alle hinlegen konnten. Wenn das
passierte, schliefen wir aufrecht und stützten uns gegenseitig Rücken an Rücken.

Irgendwann, genau weiß ich es nicht, wurden Viyan und
Ghalya mit ihren Babys fortgebracht.

Wenn Eivan wach war, wollte er nicht, dass ich schlief.

Er bettelte mich an, die Augen offen zu halten. Vielleicht hatte er Angst, dass ich nicht wieder aufwachen würde, wenn ich sie schloss. Wenn sich mein Kopf vor Schläfrigkeit senkte, stupste und schlug er mich und schrie, dass ich mich aufsetzen und mit ihm sprechen sollte. »Erzähl mir eine Geschichte!«, verlangte er dann. Auch wenn ich völlig erschöpft war, tat ich, worum er mich bat, und hielt die Geschichten so kurz wie möglich. Manchmal wiederholte ich die Geschichte der Gründung Lalischs.

»Nachdem die Engel vierzigtausend Jahre lang über wilde Meere gesegelt waren, gingen sie in Lalisch an Land ...«

Während Eivan und ich im Zickzack wie sein Fußball von einer irakischen Stadt zur nächsten durch die Wüste fuhren, erkannte ich Gesichter von Mädchen und Frauen aus Kodscho oder den Nachbardörfern – Mädchen und Frauen, denen ich auf Hochzeiten, Beerdigungen, Picknicks und Wallfahrten nach Lalisch begegnet war. Aber wir blieben nie lange zusammen.

Wenn ich wach war, brannten mein Kopf und die Wunde an meinem Bein wie die heißeste Mittagssonne während der Vierzig Tage im Sommer.

Doch schlimmer noch als der körperliche Schmerz war das erschütternde, schier unerträgliche Wissen, dass ich mit Eivan allein war. Ich wusste nicht, ob meine Familie am Leben oder tot war.

Um den zweiundzwanzigsten Tag herum begann ich, meine Mutter zu sehen – nicht in körperlicher Form, aber ich wusste, dass sie da war. Ich spürte ihre Gegenwart neben mir. Das erste Mal, als sie erschien, wiederholte ich in Gedanken mein Versprechen, dass ich Eivan unversehrt zu Fallah und Samira zurückbringen würde.

Dann sprach Adlan mit mir. Ihre Stimme war zuerst nur ein Flüstern. Mit einem sanften Stups sagte sie: »Gib Eivan zu essen.«

Ich fing an, zusätzliches Essen für meinen Neffen zu nehmen, und gab ihm einen Teil von meinem noch dazu. Adlan erzählte mir auch Dinge über die Jesiden. Vielleicht hatte sie sie mir schon erzählt, als ich klein war, und ich hatte sie nur vergessen. Vielleicht war sie aber auch wirklich da. »Unser Volk lebte tausend Jahre lang in Kodscho«, sagte sie. »Aber da wir immer wieder Opfer von Massakern wurden, zogen wir nach Sindschar, um mit anderen Jesiden zusammen zu sein. Gemeinsam sind wir stark. In den 1970ern waren wir Mandki wieder zahlreich genug, um nach Kodscho zurückzukehren.«

»Vielleicht hatten deine Brüder recht«, sagte meine Mutter ein anderes Mal zu mir. »Vielleicht haben wir unsere arabischen Nachbarn zu bereitwillig akzeptiert. Vielleicht ist das der Grund, warum wir jetzt leiden. Das ist unsere Strafe dafür, dass wir unsere Stimmen nicht erhoben haben. Die Araber unter Saddam Hussein haben die

Geschichte neu geschrieben und behauptet, sie wären die ersten Bewohner dieser Region gewesen. Aber die Jesiden, die Assyrer, die Christen und Juden lebten in dieser Gegend des Irak schon lange vor dem Islam und den Arabern. Die Araber hatten ihr eigenes Land, Badeeah, sie brauchten unseres nicht. Es war Saddams Versuch, das Land zu arabisieren, damit er Präsident auf Lebenszeit sein und über sie und das ganze Öl herrschen konnte.«

»Badeeah«, hörte ich Adlan ungefähr am dreißigsten Tag sagen. »Bewege dich immer aufs Licht zu. Lass die Dunkelheit nicht herein. Erinnere dich an den Sinn des Lebens. Halte an Liebe fest, damit die Dunkelheit irgendwann vertrieben werden kann.«

Eines Nachmittags erwachte ich im Bus mit einem überraschend klaren Kopf.

Die Hitze brachte mich zum Schwitzen. Die Luft stank von den vielen ungewaschenen Körpern, die eng aneinandergeschmiegt waren.

Am Stand der Sonne erkannte ich, dass es etwa fünf Uhr sein musste und Mitte oder Ende September. Eivan und ich waren seit einem Monat oder länger von Stadt zu Stadt gekarrt worden. Mein Körper war vollgepumpt mit Beruhigungsmitteln, die der Daesch in unser Essen und unser Wasser mischte.

Ich sah hinunter. Eivans Kopf lag auf meinem Schoß,

sein ungewaschenes, schmieriges Haar klebte an seiner Stirn. Seine Atmung war heiser, als hätte er eine Erkältung. Ich streichelte seinen Rücken und lehnte den Kopf ans Fenster.

Wir wurden auf der Straße vor einer Tankstelle angehalten, die groß genug war, dass Tanklaster um sie herum parken konnten. In und zwischen den Autos und Pick-ups hatten Einheimische in muslimischen Dischdaschas, Hidschabs, Chimars und Niqabs am Straßenrand Buden errichtet, in denen sie frische Früchte, Säfte, Gemüse, gebrauchte elektronische Geräte und Seifen feilboten. Ich war so durstig, dass ich mein Lieblingsgetränk vom Markt in Sindschar beinahe schmecken konnte: Zitroneneiswasser. Jede Menge Daesch-Leute liefen zwischen den Ständen umher. *Wenn die Amerikaner irgendeine Gegend bombardieren, wäre das hier genau der richtige Ort,* dachte ich bei mir. *Das sieht hier aus wie Daesch-Kasernen. Zerstöre seine Benzinversorgung und du zerstörst den Daesch.*

Ich saß weiter vorne im Bus. Ein paar Sitze vor mir ging ein Daesch-Soldat an sein Handy und redete mit leiser und tiefer Stimme. »Ja. Wir sind jetzt in Syrien«, hörte ich ihn sagen.

Mein Puls beschleunigte sich.

Ich sah noch einmal aus dem Fenster und blickte mich hastig um. Die Daesch-Kämpfer marschierten mit langen Schritten und erhobenen Häuptern umher.

Hier fühlten sie sich sicher. Diese Männer wussten, dass sie den Krieg gewonnen hatten. Jegliche Hoffnung, die ich gehabt hatte, dass die Peschmerga, die Amerikaner oder sogar die irakische Armee zu unserer Rettung eilen würden, löste sich in Luft auf. Adlan hatte recht gehabt, als sie sagte, dass ich in einen finsteren Tunnel treten würde. Allerdings hätte ich nie erwartet, dass die Dunkelheit Syrien sein würde, das gerade seinen eigenen Bürgerkrieg ausfocht. Wie sollte ich jetzt jemals den Weg nach Hause finden?

Wenn ich mehr Energie gehabt hätte, hätte ich die Mädchen und Frauen im Bus dazu aufgewiegelt, gegen unsere Entführer aufzubegehren. Als wir über die Grenze nach Syrien fuhren, waren nur der Fahrer und eine Wache mit uns im Bus. Wir waren nicht Teil irgendeines Konvois. Oft war unser Bus das einzige Fahrzeug auf der Straße. Die Checkpoints, an denen wir anhielten, wurden von Jungen bewacht, die Daesch-ähnliche Kleidung trugen, aber nur falsche Waffen aus Holz besaßen. Mich traf die Erkenntnis wie ein Schlag, dass der Daesch gar nicht über große Truppen verfügte. Sie benutzten Kinder und Spielzeugwaffen, um ihre Armee stärker und größer erscheinen zu lassen, als sie in Wirklichkeit war.

Als der Bus in Rakka einfuhr, fiel mir sofort auf, dass die Farben anders waren als in Kodscho, wo die ganze Region kurz vor *çîlê havînê* grün war, bevor alles in der Sonne versengte und zu Asche zerfiel. Die Gebäude in Rakka waren weiß. Sie strahlten inmitten des Sands, der gelbgolden leuchtete. Der Himmel war blau wie die Meere, die ich in Natursendungen gesehen hatte. Die Straßen waren aus glattem schwarzem Asphalt, nicht aus Schotter und Erde.

Vielleicht war Samstag, denn in den Läden, an denen wir vorbeifuhren, herrschte geschäftiges Treiben. Frauen in Niqabs und Chimars eilten mit schweren Einkaufskörben und Taschen hin und her. Kinder folgten ihnen mit ernsten oder nervösen Mienen. Alle Mädchen, selbst die ganz jungen, trugen Kopftücher und blieben nah bei ihren Müttern. Männer blickten auf den Bus und sahen schnell wieder weg.

In der einzigen anderen großen Stadt, die ich kannte, Sindschar, strahlten die Menschen etwas Sanftmütiges aus. Selbst wenn viel los war oder auch in der Anwesenheit von Soldaten herrschte Ruhe und Ordnung.

Rakka war voller Nervosität, als wäre die Stadt von einer Mauer umgeben, hinter der niemand hervorzutreten wagte, zumindest nicht für lange. Es war, als würde die Stadt selbst versuchen, sich zu verstecken.

Kapitel acht

Auf der anderen Seite

Sanftes Licht wärmte mein Gesicht. Ich hörte Kinder lachen, gefolgt vom Zwitschern der Nachtigallen.

Ich erwachte und dachte einen kurzen Moment lang, ich wäre wieder in Kodscho.

Schnell setzte ich mich auf, weil ich glaubte, zu Hause zu sein.

Dann wurde mir schwer ums Herz. Ich saß zwar nicht mehr in einem Bus, war aber weit von Kodscho entfernt.

Ich befand mich in irgendeinem langen Gebäude. So weit das Auge reichte, waren Körper zu sehen.

Ich war immer noch eine Gefangene.

Ein paar Mädchen und Frauen waren wach. Die meisten schliefen. Während ich sie betrachtete, hatte ich das Gefühl, der Boden würde unter mir wegbrechen.

Mein Kopf fing an, sich zu drehen.

Ich legte mich wieder hin und versuchte mich zu beruhigen, indem ich die Metallbalken musterte, die kreuz und quer an der Decke verliefen.

Dem Licht nach zu urteilen, das durch ein großes Fenster hoch oben in der Wand strömte, war es wohl Mittag. Das überraschte mich. Als man Eivan und mich aus dem Bus ins Gebäude gebracht hatte, war es noch Tag gewesen. Ich hatte den spätnachmittäglichen Adhan, den muslimischen Gebetsruf, gehört.

Ich schätzte, dass ich gute achtzehn Stunden geschlafen hatte. Selbst als ich im Bus und betäubt gewesen war, hatte ich nie länger als ein paar Stunden geschlafen. In Kodscho war ich immer die Erste gewesen, die ins Bett ging, und die Erste, die aufstand. Meine innere Uhr sorgte dafür, dass ich immer genau acht Stunden Schlaf bekam. Ich stand mit den Hühnern auf. Wenn ich in der Schule einen Test schrieb, lernte ich abends, bis ich eindöste und mein Kopf auf die Seiten des Buchs sank, das ich gerade las. Adlan stupste mich dann am Arm an, umfasste meine Schultern und führte mich zum Schlafzimmer, in dem sie bereits meine Matte und mein Bettzeug ausgelegt hatte.

Adlan. Traurigkeit und Sehnsucht überkamen mich.

Ich kauerte mich eng zusammen, steckte mir die Faust in den Mund und weinte zum ersten Mal seit meiner Entführung.

Hände strichen mir über den Rücken. Sanfte Finger

schoben mir das Haar aus dem Gesicht. Eine weibliche Stimme sang leise.

Ich entspannte mich ein bisschen und dachte an Khatuna Fakhra.

Dann erinnerte ich mich an Eivan. Ich stieß die Hände weg und schreckte hoch. Obwohl mir immer noch schwindlig war, zwang ich mich aufzustehen und ein paar Schritte zu gehen.

Panik ergriff mich, als ich seinen Namen rief. Ich reckte den Hals über das Meer von Körpern.

»Eivan!« Ein geflüsterter Schrei.

Frauen sahen mich mit niedergeschlagenen Augen an.

Ein paar fingen auch an, Eivans Namen zu rufen.

Dann blieb ich abrupt stehen. Kinder lachten am hinteren Ende des Raums. Winzige Hände klatschten. Ich schlich auf das Geräusch zu und erblickte schließlich eine Gruppe von kleinen Kindern, die »Backe, backe, Kuchen« spielten. Eivan saß in ihrer Mitte mit einem breiten Lächeln im Gesicht.

»Ich dachte, du wärst verschwunden«, sagte ich und ließ mich neben ihn plumpsen. Er sah mich überrascht an.

Eivan und die anderen Kinder waren schmutzig. Ihre Haare waren verknotet. Sie waren alle dünn. Aber ihre Augen leuchteten. Mir wurde bewusst, dass keines von ihnen auch nur die geringste Ahnung hatte, was vor sich ging.

Eine Weile beobachtete ich Eivan, kehrte dann an meinen Platz zurück und lehnte mich mit dem Rücken an die Wand.

»Bist du neu hier?«, fragte mich die Frau neben mir.

Ich sah zu ihr hinüber. Sie war schlank wie Samira, Eivans Mutter, und ihren langen, vor sich ausgestreckten Beinen nach zu urteilen auch groß. Sie hatte einen eleganten Hals, glatte Haut und hohe Wangenknochen in einem breiten, freundlichen Gesicht. Doch sie hatte dunkle Ringe unter den Augen. Ihr Haar war hinten zusammengebunden, aber nicht mit einem Gummiband. Es war mit Dreck verfilzt. Ihre Augen waren bernsteinfarben und weiß gesprenkelt.

»Ja«, sagte ich. »Ich bin neu hier.«

»Ich bin Navine«, stellte sie sich vor. »Ich bin aus Tel Qasab.«

Ich sah zu, wie Navine sich die Handflächen ableckte, damit über den Boden wischte und Staub aufsammelte. Dann packte sie den Stoff ihres Kleids, burgunderfarben mit kleinen gelben und weißen Blumen, und drückte ihn zusammen. Am Schluss fuhr sie mit den Händen über beide Schlüsselbeine, Hals und Wangen und schmierte sich mit Schmutz ein.

»Was machst du da?«, entfuhr es mir, weil ich sie für verrückt hielt.

Navine gab ein schwaches Lachen von sich. »Je hässlicher du aussiehst«, erklärte sie, »umso unwahrscheinlicher ist es, dass die Männer dich auswählen.«

»Und auch der Geruch«, erwiderte ich und hielt mir die Nase zu. Navine stank nach ungewaschenem Körper und schlechtem Atem.

Navine lächelte und entblößte schmutzige Zähne.

»Setz dich so hin, wenn die vom Daesch kommen«, sagte sie und sackte zusammen. Sie neigte den Kopf auf eine Seite, breitete die Beine aus, ließ leicht die Kinnlade herunterhängen und schielte.

Ich kicherte leise.

»Hier mischen sie nicht so viel Beruhigungsmittel unter das Essen«, fuhr Navine fort und setzte sich wieder aufrecht hin. »Am Anfang, wenn sie dich durch die Gegend karren, betäuben sie dich am meisten, damit du leichter transportiert werden kannst. Wie totes Gewicht.

»Sie bringen die Mädchen auf einen Markt«, erzählte sie weiter. »Sie verkaufen uns auch übers Internet. Männer kommen hierher und sehen sich um, nehmen mit, wen sie wollen. Der Daesch glaubt, für den Islam zu kämpfen. Sie halten sich für Märtyrer und Freiheitskämpfer«, spottete Navine. »Dabei sind sie bloß Kapitalisten. Sie bereichern sich an Entführungen und an unserem Verkauf.«

Ich starrte Navine an, entsetzt, dass sie so ruhig darüber sprechen konnte, was gerade mit uns geschah.

»Hast du keine Angst?«, fragte ich sie schließlich, da ich

nicht so recht wusste, was ich von dieser jungen Frau halten sollte.

»Natürlich«, erwiderte sie und beugte sich wieder zu mir vor. »Aber ich versuche, es nicht an mich ranzulassen.«

»Meine Mutter hat einmal gesagt, dass Angst uns altern lässt.« Wieder schwappte eine Welle der Traurigkeit über mich.

Navine kicherte und seufzte dann. »Ich habe ständig Angst«, gab sie zu. »Aber ich weiß, dass es nichts nützt. Jedes Mal, wenn mich düstere Gedanken überkommen, versuche ich, mich an einen glücklichen Moment zu erinnern, wie die Hochzeit eines meiner Brüder oder die Geburt meiner kleinen Schwester. Ich träume von den Kindern, die ich haben werde, wenn ich einmal hier rauskomme.«

»Was macht der Daesch mit den Kindern?«, fragte ich, während mein Blick zu Eivan schweifte. »Ich meine, warum haben sie die jüngeren Kinder mitgenommen?«

»Ich habe ein Gerücht gehört, dass sie ein jesidisches Mädchen gezwungen haben, ihre Bomben zu verdrahten. Sie hatte kleine flinke Finger. Sie haben die Mutter entführt und dem Kind gesagt, dass, wenn es nicht gehorchen würde ... *Schlitz.*« Navine ahmte nach, wie ihr jemand den Hals aufschlitzte. Erschrocken wich ich zurück.

Ich schwieg. Ich wollte Eivan beschützen. Ich wollte, dass er eine richtige Kindheit hatte. Ich wollte, dass er an einem Ort weit weg von hier war.

»Ich habe auch gehört, dass der Daesch Kinder entführt, damit sie für sie töten«, fuhr sie fort, »damit sie
Selbstmordattentäter werden. Kindersoldaten …«

»Gibt es irgendeinen Weg, um von hier zu entkommen?«, fragte ich sie.

»Bisher habe ich noch keinen entdeckt, aber ich werde
einen finden. Es gibt immer irgendwo eine Schwachstelle,
selbst beim Daesch. Ich werde geduldig danach suchen.
Vorerst sorge ich dafür, dass ich schmutzig bleibe, damit
mich die Käufer nicht wollen, wenn sie kommen.«

Ich schloss die Augen, um mich auszuruhen. Auch wenn
ich nicht mehr betäubt war, war ich immer noch sehr müde.

»Irgendwann möchte ich einen Sohn haben«, fuhr Navine fort. Ich schlug die Augen auf und sah, dass sie verträumt Eivan betrachtete. »Wenn ich hier raus bin, werde
ich heiraten. Ich bin dreiundzwanzig, aber als die Daesch-
Männer vorbeigekommen sind und nach meinem Alter gefragt haben, habe ich einunddreißig gesagt. Jemand Älteren
wie mich behalten sie als Haussklavin. Die wirklich alten
Frauen bringen sie um.«

Eivan stand auf und suchte mit den Augen den Raum
nach mir ab.

»Ich wollte Ärztin werden«, sagte ich zu Navine, während ich ihm zuwinkte. Eivan kam herübergelaufen und
ließ sich auf meinen Schoß plumpsen.

»Sag nicht *wollte*«, tadelte mich Navine, gerade als ein

Daesch-Mann in einer Dischdascha nicht weit von uns durch eine Tür trat. Er hatte ein Notizbuch dabei. »Will!«

Ich sah sie fragend an.

»Du *wirst* Ärztin werden«, beharrte sie. »Sag ihm das auch«, fügte sie hinzu und zeigte auf Eivan. »Wenn ich dir einen Rat geben kann: Halte deine Träume am Leben, und verberge sie vor diesen Männern. Das Einzige, was sie dir nicht wegnehmen können, ist dein Lebenswille. Den kannst nur du selbst aufgeben.«

Der Daesch-Mann, ein Kommandant, den die Soldaten mit Sheikh ansprachen, schrie durch den Raum, dass sich die Neuankömmlinge zu erkennen geben sollten. »Ich brauche die Namen eurer Mütter, euer Alter und euer Geburtsdatum«, rief er. »Danach machen wir ein Foto von euch.«

Ich blickte mich nervös um.

Niemand hob die Hand.

Navine verdrehte die Augen. »Als ich hier angekommen bin, haben sie behauptet, dass sie den Namen meiner Mutter wissen wollen, damit sie mich mit meinen Schwestern wiedervereinen können«, sagte sie leise. »Aber ich bin mir jetzt nicht mehr so sicher. Ich glaube, sie wollen den Namen deiner Mutter, um dich von deinen Geschwistern fernzuhalten. Sag ihm, dass du älter bist, als du wirklich bist. Sag ihm, du wärst achtundzwanzig.«

Ich schnappte nach Luft. »Aber sie können mir doch bestimmt ansehen, dass ich noch ein Teenager bin!«

»Tu's einfach. Vertrau mir. Du siehst im Moment müde, aufgedunsen und viel älter aus als ein Teenager.«

Ich hielt den Blick fest auf Navine gerichtet, während ich langsam die Hand hob. Sheikh schlängelte sich durch die Körper, bis er vor mir stand.

Mein Mund wurde trocken, während ich abwägte, ob ich lügen und ihm einen anderen Namen nennen sollte. »Ich bin Badeeah«, sagte ich schließlich zu ihm. Wenn auch nur die geringste Chance bestand, selbst wenn es ein bloßer Hoffnungsschimmer war, mit meiner Familie wiedervereint zu werden, wenn ich ihm den richtigen Namen nannte, wollte ich ehrlich sein. Er schrieb meinen Namen in sein Notizbuch. »Mein Vater ist Hassan.«

»Wie heißt deine Mutter?«

»Adlan«, antwortete ich. Mein Mund wurde so trocken, dass ich nicht schlucken konnte.

»Wie alt bist du?«

»Achtundzwanzig«, brachte ich heraus. Mir wurde ganz schwindlig davon, diesem Mann so nahe zu sein. Es graute mir davor, dass er hinter meine Lügen kommen und mich wegbringen lassen könnte, so wie die Männer in Kodscho Manje weggezerrt hatten.

»Wie viele Kinder hast du?«, fragte er.

»Ich bin die Tochter von Adlan«, wiederholte ich stattdessen. Ich schloss die Augen, in der Hoffnung, dass mein Kopf aufhören würde, sich zu drehen. »Ich habe einen Sohn«, sagte ich schließlich. »Er ist fast zwei.«

»Ist er das?«, fragte Sheikh und zeigte auf Eivan, der immer noch auf meinem Schoß saß.

»Ja. Er heißt Eivan.«

Ich blickte schnell weg. Denn ich sah nicht nur wie ein Teenager aus, Eivan wirkte auch mit Sicherheit älter als zwei. Er konnte jetzt in ganzen Sätzen sprechen und abgesehen von seinen Beinen war sein Babyspeck fast gänzlich verschwunden.

Sheikh schrieb weiter in sein Notizbuch. Schließlich gab er ein Ächzen von sich, drehte sich um und hielt kurz inne, bevor er brüllte, dass sich die nächste Frau melden solle.

Zwei Mädchen standen auf.

»Geh da rüber«, sagte er zu mir, bevor er sich auf sie zubewegte. Er zeigte auf die Tür, wo ein anderer Daesch-Soldat eine Kamera hielt. Ich nickte.

Als Sheikh sich entfernte, drehte ich mich auf die Seite und übergab mich.

Kapitel neun

Zwischen Himmel und Erde

Nachdem sie ein Foto von mir gemacht hatten, verbrachte ich den Nachmittag damit, zur Decke zu starren.

Auf dem Weg nach Rakka hatten die Beruhigungsmittel, die der Daesch uns verabreichte, zumindest den Schmerz betäubt.

Jetzt war mein Brustkorb vom vielen Erbrechen ganz wund. Mein rechtes Bein brannte. Mein linkes schmerzte von dem vielen Schlafen in Bussen oder auf nackten Betonböden. Die Arme zu heben, strengte mich an. Selbst das Atmen tat weh. Und das waren lediglich die körperlichen Schmerzen. Mich quälten Zweifel, ob es richtig von mir gewesen war, Eivan mitzunehmen. In Gedanken kehrte ich nach Hatimiya zurück und malte mir aus, wie es anders hätte ausgehen können: Wie Viyan, Ghalya und ich dem Fahrer den Weg nach Kurdistan wiesen, wo wir in Sicherheit gewesen wären und der Fahrer, ein Kindersoldat, wieder in die Gesellschaft hätte eingegliedert werden können.

Dann sah ich die Gesichter von Abu Anwar und unseren arabischen Nachbarn vor mir. Meine Familie, mein Dorf, wir hatten diesen Männern vertraut. Als ich darüber nachdachte, dass Navine aus Tel Qasab stammte, demselben Dorf, in dem Khalils Lastwagen angehalten worden war, fühlte ich mich gleich noch schlechter. Der Daesch habe sie am dritten August gefangen genommen, sagte sie mir, wahrscheinlich nur wenige Stunden bevor wir auf unserem Weg zurück vom Gebirge dort eintrafen. Unwillkürlich musste ich daran denken, dass Abu Anwar, auch wenn er uns nach Kodscho hatte zurückkehren lassen, untätig dabei zugesehen hatte, als man sie entführte, und möglicherweise sogar bei der Versklavung Navines und der anderen jesidischen Dorfbewohner geholfen hatte.

Ich lauschte, wie Eivan mit den anderen Kindern spielte, bis Navine ihn zurückrief. Sie wollte nicht, dass er zu lange von mir getrennt war.

Mit halbem Ohr hörte ich zu, wie Navine Eivan Volkssagen erzählte, um ihn zu beschäftigen. Ich war dankbar, dass sie sich auch um ihn kümmerte, denn so hatte ich mehr Zeit zum Nachdenken. Endlich war es still um mich herum, und ich hatte einen ausreichend klaren Kopf, um mir zu überlegen, was ich tun sollte. Aber meine Gedanken überschlugen sich, bis ich eine stechende Migräne bekam.

Auf einem frei liegenden Deckenbalken entdeckte ich eine Spinne, und mich packte eine tiefe Schwermut, während ich sie beobachtete. Diese Spinne hatte mehr Freiheit als ich.

Ich überhörte, wie Eivan Navine erzählte, dass er unsichtbare Sandburgen baute, mit Wassergräben, Erkertürmen, Zugbrücken und allem Drum und Dran, und wie sie sich bei einem Essensspiel gegenseitig ihre Lieblingsmahlzeiten beschrieben. Dabei stellte ich mir vor, wie ich an Adlans Gebäck knabberte.

Als Eivan erklärte, dass er aufs Klo müsse, bot Navine an, mit ihm zu gehen, doch ich winkte ab. Ich hatte Adlan versprochen, mich um ihn zu kümmern, und dieses Versprechen erfüllte ich nicht, indem ich mir selbst leidtat. Navine zeigte auf den hinteren Teil des Raums und reichte mir einen Hidschab.

»Was soll ich damit?«, fragte ich. Auf Befehl der Daesch-Leute mussten wir die ganze Zeit einen tragen und ich hatte meinen bereits an.

»Du brauchst ihn aus einem anderen Grund.«

Vorsichtig setzte ich einen Fuß vor den anderen, während ich gegen lähmende Müdigkeit und Benommenheit ankämpfte. Eivans Hand, fest in meiner, wurde von meinem Schweiß ganz glitschig. Mir kam es so vor, als hätte ich Fieber. Ich wischte mir die Finger an meinem Kleid ab und wollte wieder Eivans Hand nehmen, hielt dann aber inne.

Stattdessen beugte ich mich vor und zog meine verschwitzten Hände über den Boden. Als meine Handflächen voller Schmutz waren, fuhr ich mir damit über Gesicht und Kleid, so wie es Navine getan hatte.

Als wir uns der Toilette näherten, begriff ich sofort, warum Navine mir geraten hatte, den Hidschab mitzunehmen: wegen des Gestanks. Das Klo, wenn man es so nennen konnte, hatte keine Tür. Das in den Boden gegrabene Loch war übergelaufen. Exkremente und Urin breiteten sich aus wie ein über die Ufer getretener Fluss. Die stinkenden Schwaden brachten mich zum Husten und ich legte mir das eine Ende des Hidschabs über den Mund. Eivan hielt sich das andere Ende vors Gesicht. Ich war froh, dass wir unsere Schuhe noch anhatten, denn in Kodscho trugen wir sie nie im Haus. Schuhe und Stiefel bei der Tür stehen zu lassen war ein Zeichen dafür, dass wir auf Sauberkeit achteten und die Heiligkeit unseres Gebetsraums bewahrten. Aber der Daesch interessierte sich offenbar nicht für Etikette.

Als wir wieder bei Navine waren, hatte Ischa, das muslimische Nachtgebet, begonnen. Viele Mädchen und Frauen schliefen jetzt.

Meine Gedanken schweiften nach Lalisch, während ich die Daesch-Leute im anderen Raum ihre Gebete murmeln hörte. Ich stellte mir vor, wie ich das *çira*, das heilige Licht, trug. In der Vergangenheit war Lalisch einmal aus

Diamanten, Gold und Lapislazuli errichtet worden, die im Einklang standen mit der Energie, die zu bestimmten Zeiten in der Geschichte der Erde präsent war. Aus diesem Grund tragen Jesiden kein Blau, weil es eine hochspirituelle Farbe ist.

Im Moment lebten wir in der Mondperiode, die Unsterblichkeit und Erleuchtung symbolisiert sowie die Enthüllung der dunklen Seite der Natur. Die Energien in der Mondperiode sind derart stark, so glaubt man, dass böse Menschen, die diese in sich aufnehmen, sehr schlimme Dinge tun. Gute Menschen jedoch empfangen diese heilige Energie für immer. Die Mondperiode ist eine Zeit der Widersprüche. Und tatsächlich ist das zwanzigste und einundzwanzigste Jahrhundert von Kriegen, Konflikten und Völkermorden in einer Größenordnung überschattet worden, wie diese Erde es noch nie erlebt hat.

In der Mondperiode wurden die Kuppeln unserer Bauwerke aus Stein gebaut. Das Hauptgebäude in Lalisch besteht aus drei Bauten, die jeweils einen Aspekt der menschlichen Erfahrung darstellen: den Körper, den Geist und die Seele. »Die Seele ist der Mittelpunkt des Lebens«, hatte Adlan erklärt. »Der Geist übersetzt die Sprache der Seele und gibt sie an den Körper weiter.« Während ich in diesem traumähnlichen Zustand döste, kam es mir so vor, als könnte ich die Feuchtigkeit der Steine des jahrhundertealten Gebäudes riechen. Ich spürte, wie die Energie von Khatuna Fakhra durch mich hindurchging, und richtete mich auf. »Hilf mir, bei klarem Verstand zu bleiben, damit ich einen Weg finden kann, zu entkommen«, flehte ich stumm. »Behüte alle Jesiden, die in Gefangenschaft geraten sind. Bitte sorge dafür, dass ich mit Lalisch verbunden bleibe, ganz gleich, wie weit ich von dort entfernt bin.«

Plötzlich sah ich mich selbst durch einen dunklen Tunnel gehen, an dessen Ende ein sanftes Licht flackerte.

»Bewege dich darauf zu«, hörte ich Adlan sagen. »Du und Eivan werdet leben, meine liebe Tochter. Geht einfach weiter auf das Licht zu.«

Nach dem Morgengebet des dritten Tages näherte sich eine junge hellhaarige Daesch-Wache, die eine weiße Dischdascha trug, und kniete sich vor Eivan hin.

Ich war wütend. Ich wollte zu meinem Dämmerzustand zurückkehren, in dem ich die vorherigen Tage verbracht hatte, und an die Decke starren. Stattdessen war ich plötzlich in höchster Alarmbereitschaft; Besorgnis darüber, was dieser Mann da tat, rauschte durch mich hindurch. Ich beobachtete, wie seine langen Finger – die zu einer anderen Zeit, so stellte ich mir vor, ein wunderschönes Instrument wie die Tambur spielten – in eine Schachtel griffen und Pralinen herausholten. Diese waren in knisterndes gelbes, grünes und rotes Zellophan gewickelt und auf Arabisch beschriftet. Eivan krabbelte nah heran und riss die Augen weit auf. Der Mann gab ihm lächelnd die Pralinen.

Ich wollte sie wegschlagen, doch Navine hielt mich auf.

Die Wache half Eivan, das Konfekt auszupacken. Dabei zitterten seine Finger. Ich warf einen Blick auf sein Gesicht. Seine Wangen waren gerötet und etwas schien ihn zu beunruhigen.

Als der Mann aufstand, um Naschsachen an andere Kinder zu verteilen, tadelte mich Navine dafür, dass ich ihn direkt angesehen hatte. »Mach ihn nicht noch aufmerksamer auf dich, als er es schon ist«, fuhr sie mich an. Ich riss Eivan die Praline aus den Händen und er starrte mich schockiert an. Ich legte ihm eine Hand auf den Mund, damit er nicht schrie. »Ich traue diesem Mann nicht«, erklärte ich ihm scharf. »Fass die Schokolade nicht an. Sie könnte vergiftet sein.«

Navine öffnete meine Hand und gab Eivan die Praline zurück. »Der Daesch versetzt die Süßigkeiten nicht mit Beruhigungsmitteln«, sagte sie. »Dafür sind sie nicht gedacht. Lass ihn in diesen schrecklichen Zeiten etwas genießen.«

Ich knirschte mit den Zähnen, während sich Navine Schokoladenreste aus dem Einwickelpapier über Gesicht und Haare schmierte. Sie bedeutete mir, dasselbe zu tun.

»Jedes Mal, wenn der Daesch Schokolade an die Kinder verteilt, kommen kurz darauf die Käufer«, erklärte sie. »Ich glaube, die Schokolade dient dazu, die Kinder zu verwirren, damit sie denken, die Männer, die sich ihre Mütter ansehen, seien nett.«

Ich wirbelte Eivan herum und drückte sein Gesicht an meine Brust. Ich sagte ihm, er solle so tun, als würde er schlafen. »Bau in deinem Kopf an deinem Schloss«, sagte ich.

»Ich mache jetzt ein Himmelsschloss«, erwiderte er.

Ich setzte ein Lächeln auf.

Die Käufer erschienen kurz darauf, genau wie Navine vermutet hatte. »Tu, was ich dir gesagt habe, und sie werden dich nicht mal bemerken«, flüsterte sie. Sie breitete die Beine vor sich aus, legte den Kopf zur Seite und schielte.

Manche Käufer trugen Dischdaschas. Andere waren in Jacken und Hosen im westlichen Stil gekleidet. Wieder andere hatten violette, himmelblaue oder safranfarbene *kurtas* über schwarzen Hosen an. Manche trugen Turbane. Während die Männer durch den Raum gingen, schnappte ich arabische Gesprächsfetzen auf, mit Akzenten, die ich nicht erkannte, sowie Sprachen, die ich noch nie gehört hatte. Einige Männer waren alt. Andere wiederum waren jung, so alt wie Fallah. Frauen, die wie Navine und ich hofften, ungesehen zu bleiben, wichen zurück, wenn sich ihnen die Männer näherten.

Als ein älterer Mann mit Glatze und einem grauen Bart auf zwei jesidische Mädchen zeigte, die etwa so alt waren wie ich und verwandt zu sein schienen, brüllte ein Daesch-

Soldat sie an, dass sie aufstehen sollten. Er befahl ihnen, den Mund zu öffnen, woraufhin der ältere Mann einen Blick hineinwarf und ihre Zähne begutachtete. Als Nächstes verlangte der Daesch-Soldat von den Mädchen, dass sie die Hände ausstreckten. Der in eine schwarze Dischdascha gekleidete Alte überprüfte ihre Fingernägel. Dann hob er ihre Kleider an und musterte ihre Beine. Schließlich mussten die Mädchen sich umdrehen, damit sich der potenzielle Käufer ihre Haare ansehen konnte. Mir fiel auf, wie an den Beinen eines der Mädchen Urin herunterlief und sich auf dem Boden eine Pfütze bildete.

Der Käufer nickte. Als ein anderer Daesch-Soldat die Mädchen an den Armen packte und sie aus dem Raum schubste, fassten sie sich an den Händen. »Das ist nicht islamisch, was ihr da tut«, rief eine in gebrochenem Arabisch. »Bitte habt Erbarmen ...«

Die Käufer und die Daesch-Soldaten lachten hämisch.

Ein anderer Mann wählte ein Mädchen aus, das noch jünger war als ich, fast noch ein Kind. Seine Stimme tönte durch den Raum, als er vor den anderen damit prahlte, dass er die perfekte jesidische *kafir* gefunden hatte, was, wie ich wusste, ein abfälliges Wort für einen Nichtmuslimen war. »Allah war gut zu mir, *inschallah*«, rief er. Ich erschauderte. Plötzlich hatte ich das Gefühl, dass ich mich gleich wieder würde übergeben müssen.

Es war schwer einzuschätzen, wie viele mitgenommen

wurden. Vielleicht zwanzig. Mädchen und Frauen weinten, als man sie aus dem Raum führte. Manche schrien. Navine kam näher, legte die Hände über Eivans Ohren und sagte lautlos, dass es noch nicht vorbei sei.

Als Nächstes waren die Schreie aus dem Stock über uns zu hören. Die furchterregenden und herzzerreißenden Wehklagen von Frauen und Mädchen, die vergewaltigt wurden.

Ich legte meine Hände über Navines, um das Kreischen in Eivans Ohren noch mehr zu ersticken. Aber ich konnte spüren, dass er es hörte, denn er zitterte am ganzen Körper. Die Schreie verstummten, als der Adhan zum Mittagsgebet rief.

Nach dem Gebet kehrten die weggebrachten Mädchen und Frauen zurück.

Ihre Kleidung war zerrissen, ihre Haare waren zerzaust, und ihre Gesichter geschwollen, tränenüberströmt und voller Blutergüsse. Manche humpelten.

Ich blutete mit ihnen; Teile meiner Selbst sickerten aus meinen Wunden. Der einzige tröstende Gedanke, den ich aufbringen konnte, war die Hoffnung, dass die Frauen und Mädchen ihre Träume irgendwo in sich verborgen hielten. Ich wollte ihnen denselben Rat geben, den Navine mir gegeben hatte: den besten Teil ihrer selbst irgendwo ganz tief in ihrem Innern sicher aufzubewahren.

Alle paar Tage kamen die Käufer.

Am Tag, nachdem ein Mädchen oder eine Frau ausgewählt und vergewaltigt worden war, verschwand sie. Navine sagte, man verkaufe sie den Kunden als Sklavinnen, woraufhin sie wahrscheinlich immer wieder und wieder verkauft wurden.

»Wir sind *sabaya*«, sagte Navine kopfschüttelnd. »In alten Zeiten, wenn Frauen und Kinder in einem Krieg zwischen die Fronten gerieten, verteilte der Sieger sie an die Soldaten, um sie anzuspornen, weiterzukämpfen. Es ist, als würden die letzten beiden Jahrhunderte für diese Männer nicht existieren, als wüssten sie nicht, dass Sklaverei abgeschafft wurde. Wir sind in keinem Krieg zwischen die Fronten geraten, bei dem unsere Seite verloren hat. Wir wurden brutal entführt. Diese Männer sind Menschenhändler. Die meisten Muslime und Mullahs sagen, dass der Daesch den Islam nicht repräsentieren würde. Wenn der Daesch gewinnt, wird die Welt ein düsterer, schrecklicher Ort sein.«

In dem Moment musste ich an meinen Vater denken, weil er dasselbe gesagt hatte. Ich spürte, wie meine Brust in sich zusammenfiel. Hassan machte sich bestimmt große Sorgen, wo wir alle waren. Fallah ebenso. Mein Bruder bangte mit Sicherheit um Eivan. Ich schloss die Augen und betete lautlos, dass Fallah die Nachricht erreicht hatte, dass Eivan und ich zusammen waren.

»Ich bete auch«, sagte Navine, was mich aufschrecken ließ. Ich riss die Augen weit auf und sah sie fragend an.

»In Gedanken, wenn ich den Adhan höre«, fuhr sie fort. »Ich sage unsere Gebete auf, soweit ich mich aus dem Unterricht an sie erinnere. Bevor ich zur Geisel wurde, habe ich nicht viel gebetet. Jetzt bete ich den ganzen Tag.«

»Ich stelle mir vor, ich wäre in Lalisch«, vertraute ich ihr an.

Eivan spielte nicht mehr mit den anderen Kindern. Vielleicht hatten ihm die Schreie der Mädchen und Frauen Angst gemacht. Er klammerte sich die ganze Zeit an mir fest. An der Panik in seinen Augen konnte ich erkennen, dass er sich ständig fürchtete.

Wir aßen die kalten Nudeln, den Reis und die Tomaten, die man uns auf Plastiktellern vorsetzte. Aber ganz gleich, wie viel wir aßen, es war nie genug. Wir siechten alle drei dahin. Unsere Bewegungen wurden langsamer und unsere Aussprache immer lethargischer. Ich konnte meine Rippen spüren, die wie scharfe Messer herauszuragen begannen.

Es dämmerte. Nach den muslimischen Abendgebetsrufen, die ich hatte zählen können, war ich schätzungsweise seit etwa einem Monat in Rakka.

Die aufgehende Sonne warf lange graue Schatten auf die Wände. Ich wollte Eivan wecken, um ihm zu sagen, dass es eine gute Zeit für Schattenspiele wäre.

Doch dann ließ ich es bleiben. Ich war mir nicht sicher, wo ich war. Es war, als würde ich in irgendeinem verschwommenen Traum festhängen.

»Du befindest dich zwischen Leben und Tod«, hörte ich meine Mutter sagen.

»Verlass mich nicht«, flüsterte ich.

In dem Moment erschien Adlan vor mir. Sie trug ein weißes Kleid, wie es die Tempelhüterinnen, die Frauen, die ihr Leben der spirituellen Erleuchtung widmen, in Lalisch taten. Aber sie hatte eine schwarze Schärpe um die Taille, das Zeichen, dass jemand gestorben war. Meine Mutter sah wieder jung aus.

»Bist du tot?«, fragte ich sie.

Sie gab mir ein Zeichen, mit ihr zu kommen.

Ich fing an, auf sie zuzukrabbeln. Dann spürte ich eine Hand in meinem Haar, die mich nach hinten zerrte. Es war die Wache, die Eivan Süßigkeiten gegeben hatte. Der junge Mann nahm meinen Arm, riss mich auf die Beine und stieß mich auf die andere Seite des Raums. Navine regte sich jetzt, Eivan lag neben ihr auf dem Boden. Als er mich sah, war er sofort hellwach und strampelte sich frei.

»Mama!«, kreischte er, als der Daesch-Mann mich aus dem Raum führte. »Mama!«

»Ich komme zurück, um den Jungen zu holen!«, hörte ich den Mann sagen. »Sei jetzt erst mal still.« Seine Hand, die nach Benzin stank, lag auf meinem Mund.

Draußen war die Luft kühl und angefüllt mit dem Duft frisch gebackenen Brotes. Ich hörte Hunde bellen und Frauen, die mit ihren Töpfen hantierten, während sie die Morgenfeuer anschürten und Wasser für Tee und Kaffee kochten. Männerhemden, Kinderhosen und das Kleid eines Mädchens, auf denen der Tau schimmerte, hingen in der Nähe an einer Wäscheleine.

Das Licht der aufgehenden Sonne flutete ein dürres Feld voller sich wiegender Gräser. Ich ließ den Blick von einer Seite zur anderen schnellen und nahm meine Umgebung wahr.

»Ich will dich retten«, flüsterte mir die Wache ins Ohr. Er nahm die Hand aus meinem Gesicht. »Ich bringe dich an einen Ort, wo du und dein Sohn zusammen sein könnt.«

Tief in mir stieg ein Schrei auf.

Kapitel zehn

Erwachen

In Gefangenschaft spielt dir der Geist Streiche.

Als mich die Daesch-Wache die Straße hinunterzerrte, erinnerte ich mich an die Worte, die Navine ein paar Tage zuvor zu mir gesagt hatte. Ich hatte die Risse in der Wand gezählt und überlegt, ob ich in ihnen verschwinden könnte, und sie hatte mich geohrfeigt, bis meine Wangen brannten. *Komm zurück zu den Lebenden! Komm zurück!*

Die Wache beschleunigte ihren Gang, als wir um eine Ecke bogen, und steuerte auf ein altes schwarzes Auto zu.

Ein Kiesel steckte in meinem Schuh fest. Ich bat den Mann, stehen zu bleiben, damit ich ihn entfernen konnte. Sobald er anhielt, rammte ich die Füße in den Boden und trat ihm mit aller Kraft zwischen die Beine. Sein Griff um meinen Arm lockerte sich. Ich schlug ihm ins Gesicht und fing an zu rennen, aber er war zu schnell. Er packte mich von hinten.

Mein Blick fiel auf das Kleid an der Wäscheleine. Ich erinnerte mich an etwas, das ich im Gebäude gehört hatte. Eine Frau hatte Navine erzählt, dass im Gegensatz zu den Daesch-Kämpfern im Irak, bei denen es sich größtenteils um irakische Araber handelte, die Saddam Hussein unterstützten, die Terroristen in Syrien Ausländer waren. Die meisten syrischen Muslime würden den Daesch nicht unterstützen. Die Syrer wollten ein Ende der Kämpfe.

Ich schrie lauter, als ich es je getan hatte, und hoffte, betete, dass jemand, vielleicht die Besitzerin der Wäsche, mich hören und mir zu Hilfe eilen würde.

Die Wache stieß mich weg. Ich fiel hin und Steine gruben sich in meine Handflächen, meine Knie und die Brandwunde an meinem Bein. Der Schmerz, der durch mich hindurchfuhr, ließ mich zusammenzucken.

»Wir können uns gemeinsam irgendwo niederlassen«, sagte er und beugte sich nah an mein Gesicht. »Siehst du nicht, dass ich versuche, dir zu helfen?«

»Nein«, brüllte ich. »Nicht ohne meinen Sohn.«

»Ich gebe dir mein Wort, dass ich zurückgehen und ihn holen werde. Nur mach keinen Lärm.«

Ich starrte ihn keuchend an. »Wie soll ich dir vertrauen? Ihr habt uns von Anfang an belogen.«

Der Mann streckte die Hand aus, um mir hochzuhelfen, trat dann aber plötzlich zur Seite. Hinter ihm tauchten zwei Daesch-Soldaten auf.

Ich blieb am Boden und wandte den Blick ab.

Der Wachmann redete schnell und erklärte, man hätte ihm befohlen, mich woandershin zu bringen. »Fragt Emir«, fügte er hinzu. Emir war das arabische Wort für Fürst oder Kommandant.

»Lüg nicht! Du nimmst sie für dich selbst«, warf ihm einer der Soldaten vor.

Ich hörte eine Faust durch die Luft schwirren, dann einen Schlag.

Als ich zurückblickte, sah ich den Wachmann auf dem Boden liegen. Er hielt sich den Bauch, während die Soldaten ihn traten und schlugen.

Hände griffen mir unter die Achselhöhlen und zogen mich hoch. Einer der Soldaten schlug weiter die Wache zusammen, während der andere mich zurück in die Richtung stieß, aus der wir gerade gekommen waren.

Auf dem Rückweg sah ich mich angestrengt um. Das Betongebäude, in dem wir festgehalten wurden, war hoch und lang, vielleicht eine alte Fabrik oder ein Bauernhof. Ich konnte mindestens drei Stockwerke ausmachen. Seine großen Fenster waren mit Metallgittern versehen oder mit Brettern zugenagelt. Um uns herum gab es nicht viel außer Feldern und ein paar Wohnhäusern.

Im Gebäude zerrte mich der Soldat einen kurzen Gang entlang und in einen Raum, in dem Daesch-Soldaten Tee tranken, aßen und rauchten. Etwa ein halbes Dutzend

Männer lümmelten auf Stühlen und Sofas herum. Auf einem Großbildfernseher lief ein arabischer Nachrichtensender.

Beim Geruch ihres Essens wurde mir schlecht. Ich zog meinen Hidschab fest ums Gesicht und zog die Schultern nach vorne.

Ich hörte, wie sich knarzend eine Tür öffnete.

»Das ist Emir«, sagte der Soldat und schubste mich von hinten.

Meine Beine knickten ein. Ich grub die Fingernägel fest in meine Handflächen, in der Hoffnung, dass es mich davon abhalten würde, ohnmächtig zu werden.

Der Mann, den sie Emir nannten, trat vor mich. Ich hielt den Blick gesenkt und bemerkte, dass der Aufschlag seiner grünen Armeehose voller Schlamm war.

Emir befahl mir, meine zitternden Hände auszustrecken.

Während er meine Fingernägel untersuchte, spürte ich, wie mir Galle hochkam. Ich zwang sie wieder hinunter.

Dann wirbelte mich der Mann herum, riss mir den Hidschab herunter und musterte mein Haar.

»Du bist dreckig«, stieß er hervor.

Ich schwieg, den Blick fest auf den Boden gerichtet. Mein ganzer Körper zitterte. Ich war mir sicher, dass sich meine Blase entleeren würde, so wie ich es bei anderen Mädchen gesehen hatte.

»Eine der Wachen wollte sie für sich selbst«, erklärte der Soldat hinter mir.

»Wie alt bist du?«, herrschte mich Emir an.

»Achtundzwanzig«, murmelte ich. Mittlerweile hatte ich eine solche Angst, dass meine Zähne klapperten.

»Du siehst jünger aus«, meinte Emir. »Ich weiß, dass die jesidischen *sabaya* über ihr Alter lügen. Ich will, dass die Käufer sie beim nächsten Besuch sehen.«

Dann gab er ein Zeichen, dass sie mich zurück zu den anderen bringen sollten.

Sobald die Tür zum großen Raum zufiel, rannte Eivan mit geschwollenem und tränenüberströmtem Gesicht zu mir. Er warf seine Arme um meine Beine.

Ich beugte mich hinunter und hob ihn hoch, dann humpelte ich zurück zu Navine und brach neben ihr zusammen. Eivan öffnete seine winzige Hand, um mir fünf zerdrückte und geschmolzene Pralinen zu zeigen. »Der Wachmann hat sie mir gegeben. Er hat gesagt, dass er dich erst rausbringen und wir dann eine Familie sein würden.«

Ich hielt einen gepeinigten Schrei zurück. Was hatte ich getan? Vielleicht war die Wache doch unser Weg in die Freiheit gewesen und ich hatte es vermasselt. Ich schloss die Augen und atmete langsam.

»Ich will, dass wir alle zusammen von hier entkommen«, erklärte ich ihm. »Wir können nicht ohne Navine gehen. Das nächste Mal nehmen wir sie mit.«

Eivan, der vom vielen Weinen erschöpft war, schlief kurz darauf ein.

Nachdem ich Navine erzählt hatte, was passiert war, sagte ich ihr, dass unsere Zeit, von hier zu fliehen, gekommen sei. »Draußen sind Felder, so weit das Auge reicht. Die Wache hat mich durch eine Hintertür rausgeführt, nicht durch den Eingang, wo die Daesch-Soldaten sind. Ich habe Wäsche gesehen, das Kleid eines Mädchens. Eine Mutter würde uns doch bestimmt helfen, wenn sie wüsste, dass wir gegen unseren Willen hier festgehalten werden.«

Navine lehnte sich an die Wand und schloss die Augen.

Ich rutschte ganz nah an sie heran. »Ich habe vielleicht eine Schwachstelle entdeckt. Die Wache«, sprach ich eindringlich weiter, »wenn der Mann zurückkommt, sage ich ihm, dass ich mit ihm weggehen will.« Mein Herz raste. Wir mussten von hier verschwinden, bevor die nächste Gruppe Käufer auftauchte. »Ich erzähle ihm, dass ich ihm bereitwillig folge, er uns aber alle mitnehmen muss. Ich sage ihm, du wärst meine Schwester.«

Navine riss die Augen auf. »Das würdest du für mich tun?«

»Ja. Du hast dich um Eivan gekümmert, wenn ich es nicht konnte. Du sagst mir Dinge, die ich wissen muss.«

»Die Wache könnte dir etwas antun, Badeeah«, erwiderte Navine kopfschüttelnd.

»Er scheint anders zu sein. Die anderen respektieren ihn nicht. Wenn ich ihn überreden kann, uns aus dem Gebäude zu schleusen, lässt er uns vielleicht gehen. Vielleicht hilft er uns sogar, in den Irak zurückzukehren. Das ist unsere einzige Hoffnung.«

Navines Lippen bebten. »Falls du verkauft wirst und sie Eivan zurücklassen, gebe ich ihn als meinen Sohn aus. Ich werde ihn behüten, wenn du es nicht kannst. Ich werde ihn seiner Mutter zurückbringen. Aber wenn du und Eivan entkommen könnt, dann geht ... lasst mich zurück. Wartet nicht auf mich. Versuch nicht, die Wache zu überreden, mich auch mitzunehmen.«

Ich blinzelte Tränen weg. Navine war mittlerweile mehr als eine Schwester. In diesem Augenblick wusste ich nicht, wo ich anfing oder sie endete. Wir waren eins geworden. Wohin ich auch ging, sie würde mich begleiten, dessen war ich mir sicher.

An diesem Tag kamen fünf neue Frauen an.

Mein Herz schlug wie wild. Ich war mir sicher, dass eine von ihnen eine Verwandte namens Salwa war. Ich winkte. Salwa blickte geradewegs an mir vorbei. Es war, als würde sie überhaupt nichts wahrnehmen.

Ich bewegte mich langsam auf sie zu. Etwas an ihrer Erscheinung ließ mich erschaudern. Doch ich hatte nicht den geringsten Zweifel, wer sie war.

»Salwa?«, fragte ich, als ich näher kam. Meine Stimme zitterte.

Als sich Salwa zu mir drehte, sah ich, dass ihre dunkelbraunen Pupillen geweitet waren. Sie war immer noch betäubt. Eines ihrer Augen war geschwollen und rot.

Ich schürzte meinen Rock und setzte mich neben sie.

Salwa machte ihren trockenen und rissigen Mund auf, aber kein Wort kam heraus. Sie blickte mir fest in die Augen.

»Wo bist du gewesen?«, fragte ich. Sie zuckte zusammen, als ich ihre geprellte Wange berührte.

Ihre Lippen zitterten und öffneten sich erneut. »Wir sind auf einem Markt wie Ziegen gehandelt worden. Weil ich noch nie mit einem Mann zusammen war, wurde ich zum Höchstpreis verkauft. Aber ich will nicht darüber reden«, sagte sie mit einer Stimme wie aus weiter Ferne. »Wie bist du hier mit Eivan gelandet?«

Dann hatte sie uns also doch erkannt. »Der Daesch glaubt, er wäre mein Sohn.«

Salwa packte meine Hand und drückte sie. »Sie haben die Kinder umgebracht. Ich habe es gesehen. Ich habe gesehen, wie sie es getan haben. Ich vermisse zu Hause so sehr ...«

Ich betrachtete Salwas geschlagenes Gesicht und wartete darauf, dass sie weitersprach. Nach einer langen Pause flatterten ihre Augenlider.

»Wann hat man dich gefangen genommen?«, fragte sie.

»Am fünfzehnten August ...« Allein der Gedanke an das Datum trieb mir die Hitze ins Gesicht. »Der Daesch ist zum ersten Mal am Tag nach *çilê havînê* aufgetaucht. Sie wussten, dass wir zu Hause sein und feiern würden.«

»Mich haben sie am achten August erwischt, als wir versucht haben, ins Sindschar-Gebirge zu fliehen«, erzählte sie mir.

»Ich weiß nicht, wo Adlan oder Hassan sind, oder Fallah ...«

»Ich weiß auch nicht, wo meine Familie ist, Badeeah.«

»Salwa«, sagte ich und berührte sie sanft an der Schulter, »du musst stark bleiben. Ich weiß, dass sie dir schreckliche Dinge antun, aber du musst deine Hoffnungen und Träume an einem sicheren Ort aufbewahren, sie in dir verbergen. Vor allem musst du sie am Leben erhalten.«

»Ich will gehen«, flüsterte sie. »Ich will ...« Ihr traten Tränen in die Augen.

»Wir wollen alle nach Hause gehen«, sagte ich leise. »Und das werden wir auch.«

»Nein«, murmelte sie und schüttelte den Kopf. »Du verstehst nicht. Ich will sterben.«

Die Angeln der Eingangstür quietschten. Daesch-Leute kamen. Ich sah hinüber, in der Hoffnung, dass es die

Wache war. Doch es war der Mann, den die Männer Sheikh nannten.

»Du kannst nicht aufgeben, Salwa.« Ich wollte ihr von meinen Visionen von Adlan erzählen. Ich wollte sie überzeugen, am Leben zu bleiben.

»Du musst dir eine Nummer merken«, drängte Salwa, als Sheikh vor einem der neuen Mädchen stehen blieb. »Bitte, Badeeah. Die Nummer ist 07500851411. Wiederhol sie.«

»07500851411«, sagte ich langsam und sprach jede Ziffer deutlich aus. »Aber was ist das für eine Nummer?«

»Amins. Das ist Amins Handynummer.« Amin war ein entfernter Cousin. »Er ist mit anderen Jesiden zusammen, die uns holen kommen. Finde ein Telefon, ruf ihn an.«

Als mir klar wurde, wie wichtig diese Nummer war, prägte ich sie mir mit einem Trick ein, den ich kannte. Ich verband jede Ziffer mit einem Geburtstag oder einem besonderen Feiertag. Die ersten vier Ziffern waren fast in ganz Irak dieselben. Ich konnte mich daran erinnern, eine weitere Null hinzuzufügen, und danach folgte auf die Acht eine Fünf, mein Geburtstag: achter Mai. Als ich mir meiner Gefühle für Nafaa zum ersten Mal bewusst wurde, war ich vierzehn. Sowohl Eivans Geburtstag als auch der Hochzeitstag meiner Eltern waren im November, dem elften Monat.

»Jetzt geh«, sagte Salwa und stieß mich weg. »Der

Daesch darf dich nicht in meiner Nähe sehen. Diese Männer mögen es nicht, wenn Verwandte zusammenkommen.«

Innerhalb einer Stunde war der Daesch wieder aufgetaucht und hatte Salwa weggebracht. Sie ging, wie sie gekommen war: wie ein Gespenst.

Kapitel elf

Unsterblich

Jedes Mal, wenn ich hörte, wie sich die Eingangstür zum Raum öffnete, beschleunigte sich mein Puls. Während ein Teil von mir hoffte, dass es die Wache war, fürchtete sich der andere Teil genau davor, den Plan durchziehen zu müssen.

Aber weder die Wache noch die Käufer tauchten auf. Die Tage vergingen und ich wurde nervös. Was wäre, wenn der Daesch dem Wachmann befohlen hatte, nie wieder zurückzukommen? Oder sie ihn für seinen Versuch, mich von hier fortzubringen, getötet hatten? Was wäre, wenn ich unsere einzige Chance auf Freiheit verpasst hatte?

Irgendwann stellte ich fest, dass ich in meinen Tagträumen über meine Heimkehr mit Eivan vergessen hatte, wie die Menschen, die mir nahestanden, aussahen, sogar Adlan. Wenn ihr Geist nicht vor mir stand, konnte ich mir nur mit Mühe ihr Gesicht vorstellen, die Linien ihres Halses, die Form ihres Körpers.

Eines Nachts vertraute ich mich Navine an. »Majida, Fallah, Hadil, Adil, Hassan ... sogar *dake*«, sagte ich zu ihr. »Ich kann ihre Gesichter nicht mehr sehen. Was ist, wenn ich sie nicht mehr erkenne? Was ist, wenn sie nie real gewesen sind?«

Eivan war noch wach und lag neben Navine und mir auf dem Bauch. Spontan gab ich ihm sein Spielzeugtaxi. Es war das erste Mal, dass ich mich traute, es herauszuholen. Aber nur eine Daesch-Wache hatte Dienst, und die saß am anderen Ende des Raums, nicht weit vom Klo, weil tags zuvor ein Mädchen dort versucht hatte, sich mit ihrem Hidschab zu erhängen. Er hockte breitbeinig da und sein Kopf schwankte hin und her. Gelegentlich gab er ein Schnarchen von sich. Ich ermahnte Eivan, keinen Lärm zu machen und das Taxi nur ein paar Zentimeter vor und wieder zurück zu rollen.

Mein Neffe hatte offensichtlich unser Gespräch verfolgt.

»Babo hat einen Schnurrbart«, sagte Eivan und meinte damit Hassan. »Wenn er mich auf seinen Schoß nimmt, klimpert er mit seinen Wimpern gegen meine Wange. Er nennt das Schmetterlingsküsse.«

Ich lächelte, als ich mich daran erinnerte, dass Hassan das auch bei mir gemacht hatte, als ich klein war. Das brachte mich auf eine Idee.

»Spielen wir das Fingerspiel«, sagte ich zu Eivan.

Er parkte das Taxi neben meinem Bein, ließ sich dann vor mir nieder und verschränkte die Finger.

Navine döste gerade ein. »Wie spielt man das?«, fragte sie müde.

»Ich zeige auf einen Finger, und Eivan sagt mir, wer in diesem Haus lebt«, erklärte ich. »Aber fügen wir noch etwas hinzu, das wir über die Leute in diesem Haus wissen.«

Das erste Haus war Eivans Zuhause in Sindschar.

»Baba hat warme Hände, die mich umarmen, und sein Atem riecht nach Pfefferminze«, begann Eivan.

Ich lachte und erinnerte mich daran, wie sehr Fallah Pfefferminzbonbons mochte. Dann war ich an der Reihe. »Fallah fällt alles auf, was um ihn herum vor sich geht. Genau wie dir«, schob ich hinterher und wuschelte Eivan durchs Haar. »Er macht sich nie Feinde. Alle mögen ihn.«

»Jetzt Mama«, sagte Eivan aufgeregt. »Bei Mama fühle ich mich sicher. Und sie riecht nach Mehl.«

»Samira hat ein gutes Herz«, sagte ich über seine Mutter. »Sie spricht leise und hat viel Geduld.«

»Mama ist weich wie das Fell eines Rehs«, fügte Eivan hinzu.

Während wir weiterspielten, begriff ich, dass es nicht mehr von Bedeutung war, dass ich die Gesichter der Menschen vergessen hatte. Wer sie waren, ihr Wesen, war viel wichtiger.

»Majida«, sagte ich zu Eivan, »ist furchtlos und fort-schrittlich. Sie ermutigt Mädchen, sie selbst zu sein. Hadil ist eine wogende, schnell dahinziehende Wolke an einem sonnigen Tag. Adil weist Leuten den Weg. Adlan ist wie warmes Brot, wie Granatapfelsirup, ein Engel.«

In einer anderen Nacht blieben Navine und ich wach, unterhielten uns und machten uns gegenseitig Mut, indem wir uns die Zukunft ausmalten. Da sie interessierte, warum ich Ärztin werden wollte, erklärte ich es ihr.

»Erinnerst du dich an die Bombenattentate von 2007?«

Natürlich tat sie das. Jeder erinnerte sich daran. Ex-tremisten hatten mit Sprengstoff beladene Tankfahrzeuge und Autos ins Zentrum von zwei jesidischen Städten nicht weit von Kodscho gefahren und dabei Hunderte getötet. Der Angriff hatte damit angefangen, dass bewaffnete Mos-lems, möglicherweise Kämpfer des »Islamischen Staats«, einen Bus in Mossul anhielten. Sie befahlen den Christen und Moslems auszusteigen und brachten dann die verblie-benen dreiundzwanzig jesidischen Passagiere um.

»Einige Leute, die bei dem Attentat verletzt worden waren«, erzählte ich, »kamen nach Kodscho und such-ten bei unserem einzigen überarbeiteten Arzt, Elias Salih, Hilfe. Ich saß am Straßenrand, wie ich es oft als Kind tat, und behielt seine Praxis im Auge. Manchmal las ich da-bei ein Buch, aber diesmal beobachtete ich einfach nur die verletzten Männer, Frauen und Kinder, die draußen warteten, während sie auf die staubige Straße bluteten. Die Menschen schwiegen und hielten sich die gebrochenen Arme, als hätten sie sich damit abgefunden, dass sie sterben könnten, bevor der Arzt sich um sie kümmern konnte. Schließlich ertrug ich es nicht länger. Ich rannte nach Hause und kehrte mit Laken, Handtüchern, Eimern und Seife zurück. Ich half, die Wunden zu reinigen, während die Patienten mit ernsteren Verletzungen als Erste reingingen. Mein Vater erzählte mir später, dass viele Leute gestorben seien, die hätten überleben können, wenn es in Kodscho und den anderen jesidischen Dörfern nur mehr Ärzte gegeben hätte. An dem Tag wusste ich, dass ich mich um andere kümmern wollte.«

»Du wirst Ärztin werden«, sagte Navine leise. »So wie ich eines Tages die Mutter eines Sohnes sein werde.«

Kapitel zwölf

Der dunkle Raum

Dann eines Tages war die Wache, die mich aus dem Gebäude gebracht hatte, zurück.

Alles in mir schrie, wegzusehen, wegzurennen, meinen Plan aufzugeben. Doch als er sich hinkniete, um Eivan Pralinen zu geben, rutschte ich nahe an ihn heran. »Ich komme mit dir«, krächzte ich.

Sein ganzer Körper versteifte sich.

»Ich will mit dir kommen«, wiederholte ich. »Hol mich, meinen Sohn und meine Schwester hier raus, und ich tue alles, was du willst. Aber du musst uns alle mitnehmen.«

Der Mann sah sich im ganzen Raum um und ließ dann die Schachtel fallen. Pralinen und Bonbons flogen in alle Richtungen. Ich begriff, dass er sie absichtlich hatte fallen lassen, damit wir einen Vorwand hatten, zu reden.

»Ich wusste nicht, ob ich dir trauen konnte«, erklärte ich ihm. »Jetzt tue ich es. Ich will mit dir zusammen sein.

Aber wir haben nicht viel Zeit. Emir will, dass mich die Käufer beim nächsten Mal sehen.«

»Ich verstehe«, erwiderte er.

Als die Wache zum nächsten Kind weiterging, riss ich die Verpackungen von Eivans Pralinen auf. Dann rieben Navine und ich uns mit dem knisternden Zellophan ein. Wir schmierten uns sogar Schokolade auf die Zähne, damit sie fleckig aussahen.

Keine von uns hörte die nahenden Schritte.

Wie aus dem Nichts zerrte jemand plötzlich an meinem Haar. Ich schrie, als ich spürte, wie ich in die Höhe gehievt und über den Boden geschleift wurde.

Schmerz schoss mir durch den Kopf und den Hals hinunter. Mir taten sogar die Zähne weh, als würden sie mir aus dem Leib gerissen. In dem Versuch, mich zu befreien, wand ich mich von Seite zu Seite, aber der Griff des Angreifers war zu stark.

Ich hörte, wie Eivan mir hinterherrannte. »Versteck dich!«, wollte ich schreien. Doch mein Hals war zu wund und ich brachte kein Wort heraus.

In einem Zimmer im oberen Stock wurde ich geschlagen und beschimpft.

Danach kauerte ich mich auf dem dreckigen Boden zusammen.

»In ein paar Tagen gehst du«, schrie Emir auf mich herunter. Er drehte mir den Arm auf den Rücken, bis der Schmerz so unerträglich war, dass ich nichts mehr sehen konnte. »Jesidische Hure« war das Letzte, was ich hörte, bevor ich das Bewusstsein verlor.

Als ich die Augen wieder zuckend öffnete, war ich von tiefster Dunkelheit umgeben. Ich lag auf dem Rücken und konnte mich atmen hören.

Meine Kopfhaut kribbelte. Als ich versuchte aufzustehen, prallte der Schmerz kreuz und quer durch meinen Körper. Beine und Brust brannten.

Ich befühlte meine Lippen. Sie waren geschwollen. Dann tastete ich mein Gesicht ab. Wangen und Augen waren ebenfalls aufgedunsen.

Ich legte mich wieder hin und starrte in die Dunkelheit.

Auf einmal spürte ich einen Körper neben mir. Ich hörte ein Stöhnen. Es war Navine.

»Geht es dir gut?«, rief ich ihr leise zu. Mein Mund fühlte sich taub an und ich konnte Blut schmecken.

»Ja«, antwortete sie. Ich hörte sie husten. »Sie haben uns beide zusammengeschlagen.«

»Eivan«, sagte ich. »Wo ist er?«

»Ich weiß es nicht.«

Obwohl jeder Zentimeter meines Körpers vor Schmerz pochte, zog ich mich auf die Füße und stützte mich an der Betonwand ab. Ich tastete mir einen Weg zur Metalltür und zerrte an dem Knauf, aber die Tür war verriegelt.

Mit den Fäusten hämmerte ich gegen das Metall und schrie, dass jemand kommen sollte.

»Wo ist mein Sohn?«, brüllte ich.

Keine Antwort.

Keine Schritte oder Stimmen.

»Wo sind wir?«, rief ich Navine zu. »Hast du gesehen, wo sie uns hingebracht haben?«

»Nein.«

Es war ein nasskalter Ort. Die Luft war so feucht, als wären wir in einem Keller. Mit steifen Beinen tastete ich mir einen Weg durch den Raum: Eimer, Besen, Schwämme und ein Wischmopp. Ich fand ein Handtuch und kniete mich hin, um es unter Navines Kopf zu legen.

»Sie haben gesagt, sie hätten uns beobachtet. Sie wussten, dass wir uns hässlich gemacht haben«, sagte Navine. »Ich hätte dich warnen sollen.«

»Wovor?«

»Vor der Wache. Auch wenn er dich vielleicht für sich wollte, war er wütend, nachdem die Soldaten ihn zusammengeschlagen haben. Nach seinem Empfinden hast du ihn verraten. Ich hätte wissen sollen, dass er dir nicht wieder vertrauen würde. Aber ich wollte wohl auch an ihn glauben.«

Zum ersten Mal, seit ich Navine kannte, hörte ich sie weinen. Leise sang ich ihr ein Wiegenlied, das Adlan mir als Kind vorgesungen hatte.

Als sie eingeschlafen war, legte ich mich hin und lauschte der Stille.

Keine Stimmen. Kein Geräusch von der anderen Seite der Tür.

Kein Wasser zum Trinken. Keine kalten Nudeln. Kein Reis. Keine Schokolade. Keine Käufer.

Kein Eivan.

Ich schlief und dann ging ich auf und ab. Keine Ahnung, wie lange. Stunden? Tage?

Ich hämmerte gegen die Tür.

Von Zeit zu Zeit rüttelte ich am Knauf, in der Hoffnung, dass er irgendwann nachgeben würde.

Ich schrie nach Eivan. Ich flehte Adlan an, sich mir zu zeigen und mir zu sagen, was ich tun sollte. Aber sie kam nicht und ihre Stimme hörte ich auch nicht.

Die Stille war ohrenbetäubend.

Ich hielt mir die Hände vor die Augen, als Licht den winzigen Raum durchflutete.

»Steh auf. Ihr geht«, befahl ein Mann. Ich erkannte die Stimme der Wache.

»Wo ist Eivan?«, wollte ich wissen.

Keine Antwort.

»Wo ist mein Sohn?«, wiederholte ich, während ich mich von dem feuchten Boden aufrappelte.

Weiter Schweigen.

Die Wache warf Navine und mir Chimars und Niqabs zu und befahl uns, sie anzuziehen.

Der Mann war wütend, wie Navine gesagt hatte. Ich hatte sein Ego verletzt. Jetzt würde er mich lieber tot sehen, als uns zu helfen.

Als wir nach draußen traten, erkannte ich, dass man uns in ein Untergeschoss gesperrt hatte, vermutlich in einen Getreidekeller.

Draußen war die Luft trockener und von einer schneidenden Kälte. Ich wickelte meinen Pulli um mich. Der Herbst war gekommen. In meinem vorherigen Leben, meinem Kodscho-Leben, wäre meine Familie in ein paar Wochen auf Pilgerfahrt nach Lalisch gegangen. Ich stellte mir vor, wie wir Äpfel und Birnen aus unserem Obstgarten rösteten.

Endlich konnte ich wieder Geräusche hören: Männer, die sich unterhielten, Vögel, bellende Hunde.

Ich zermarterte mir das Hirn, wie ich die Wache wieder auf meine Seite ziehen könnte.

Aber dann hörte ich eine kleine Stimme rufen: »Mama.« Ich drehte mich in eine Richtung und dann in die andere. Bis auf die Augen bedeckte der Niqab mein ganzes Gesicht. Ich hatte noch nie einen getragen und konnte nichts sehen, während ich ihn ungeschickt zurechtzurücken versuchte.

»Mama!«, rief die Stimme noch einmal.

Eine Hand packte mich unter der Achselhöhle und ich wurde durch die offene Tür eines kleinen Busses oder Minivans gehievt. Abgestandener Zigarettenrauch stieg mir in die Nase, als dieselbe Hand mir bedeutete, mich auf den Boden zu setzen.

Dann spürte ich, wie eine winzige, warme Hand in meine schlüpfte.

Ich riss den Niqab von meinen Augen weg und sah Eivan neben mir. Ein Bluterguss pulsierte violett und rot auf seiner Wange.

Ich zog ihn fest an mich, während Tränen in mir aufstiegen, Tränen, von denen ich nicht einmal wusste, dass ich sie noch irgendwo aufbewahrt hatte. Tränen der Liebe.

Kapitel dreizehn

Der Amerikaner

»Wo fahren wir hin?«, fragte ich, als der Minivan nach vorne schlingerte.

»Aleppo«, erwiderte der Daesch-Mann auf dem Beifahrersitz.

In dem Wagen waren zehn Jesiden, sechs Frauen und vier kleine Kinder, Navine, Eivan und ich eingeschlossen, sowie ein Daesch-Fahrer und eine Wache.

Es dämmerte, es war vielleicht so gegen fünf Uhr nachmittags. Soweit ich das erkennen konnte, war unser Fahrer ein weiterer Teenager. Er hatte einen flaumigen Bart wie das Fell eines Zickleins und Wangen voller Pickel. *Ein Junge,* dachte ich, *der, wenn er an einem anderen Ort leben würde, jetzt vielleicht in der Schule oder beim Fußballtraining wäre.*

Die Daesch-Wache hatte helle Augen, blau oder grün, was in dem Licht jedoch schwer auszumachen war. Seine Lider hingen an den Winkeln herunter.

Hinten gab es keine Sitze. Wir saßen zu zehnt auf dem Metallboden des Minivans, umgeben von leeren Zigarettenschachteln, zerknülltem Papier und Schokoriegelverpackungen.

Das Fahrzeug war alt, wahrscheinlich aus den 1970ern, und offenbar für seine letzten paar Dienstjahre von Europa nach Syrien verschifft worden. »Wir sind ein riesiger Gebrauchtwarenladen, wir und andere Kriegszonen der Welt«, hatte Adil einmal gesagt, nachdem die Amerikaner in den Irak gekommen waren. »Die Welt lädt ihren Müll hier ab und nennt es ›Entwicklungshilfe‹. Wir brauchen Frieden, nicht alte Laufschuhe.« In Kodscho war es für meinen Vater etwas ganz Besonderes gewesen, einen alten BMW fahren zu können. Es bedeutete, dass er eine wichtige Persönlichkeit war. In Nordamerika oder Europa wäre sein Wagen auf dem Schrottplatz gelandet.

»Was passiert mit uns in Aleppo?«, fragte ich den Mann mit den hellen Augen.

Er kaute weiter auf seinem Kaugummi und beachtete mich nicht.

Etwa fünfzehn Minuten nachdem wir losgefahren waren, kam der Minivan in einem langen Tunnel zum Halten.

Die Männer kurbelten die Fenster herunter. Ein riesiger Daesch-Mann mit einem Messer, ähnlich dem, mit dem unsere Ältesten bei Festen unsere Ziegen schlachteten, tauchte aus dem Tunnel auf und kam näher.

»Jesidische *sabaya*?«, knurrte er. Sein Akzent war mir fremd, vielleicht nordafrikanisch.

Die Daesch-Wache auf dem Vordersitz ächzte.

»Gut! Ich schlag ihnen auf der Stelle die Köpfe ab!«

»Was hat er gesagt?«, flüsterte Navine. Die anderen Frauen sahen mich entsetzt an. Ich schluckte den Kloß in meinem Hals hinunter. Keine von ihnen verstand Arabisch.

»Ich weiß es nicht«, stammelte ich, unfähig, ihnen zu sagen, dass wir gleich sterben würden.

Die Wache fing an, sich mit dem Messerträger zu streiten, und sagte ihm, dass wir für jemanden bestimmt seien, der sich Der Kommandant nannte. Wir waren an einen Emir verkauft worden. Der große Mann trat ein paar Schritte zurück und wedelte mit seinem Messer herum. So wie es in der Luft rauschte, war es bestimmt scharf.

Schließlich tauchte ein weiterer Daesch-Mann in einer weißen Dischdascha auf. Er entsicherte seine Waffe und richtete sie auf den Mann mit dem Messer, während er ihn anschrie, dass die *sabaya* nicht angerührt werden sollten.

Wenige Minuten später fuhr unser Minivan weiter. Sobald er den Tunnel sicher hinter sich gelassen hatte, beschleunigte er, als würden wir davonlaufen.

Nach etwa einer Stunde Fahrt erreichten wir einen Kontrollpunkt. Ich konnte eines der Schilder entziffern, die ich durchs Fenster sah: Dair Hafir. Autos, Lastwagen, Minivans und große Transportbusse säumten beide Straßenseiten wie Zäune. Wir beobachteten, wie Daesch-Soldaten sich auf ein paar der Fahrzeuge stürzten und Koffer, Kisten und Taschen aufrissen. Kleider flogen im Wind hoch, vom verschwommenen Licht der Scheinwerfer erfasst, und wirbelten dann wie Steppenläufer die Straße entlang. Syrische Familien standen an der Seite und verfolgten das Ganze zitternd und mit versteinerten Mienen. Sie waren Flüchtlinge, die aus einem vom Bürgerkrieg befallenen Land flohen. Aleppo spuckte seine eigenen Leute aus. Die Stadt war ein Schlachtfeld.

Lange bevor wir Aleppo erreichten, konnten wir die Verschmutzung sehen, die über der Stadt lag. Der Rauch brennender Gebäude und Staubpartikel von Explosionen bahnten sich durch die Lüftung einen Weg in den Minivan und brachten uns zum Husten. Unser Fahrer musste die Trümmer umfahren, mit denen die Straßen übersät waren. Mehrere Kilometer lang bewegten wir uns im Schneckentempo.

Schließlich fuhren wir in ein Wohngebiet ein. Bei manchen Häusern handelte es sich um umzäunte Villen mit Gärten und Springbrunnen. Am meisten fielen mir die Bäume auf.

Meine Gedanken wanderten zu den Eichen, Linden, Ulmen und Eschen, die dicht um das Sindschar-Gebirge und Lalisch herum wuchsen. Zum Schutz vor Regen suchte Hassan immer nach der Zagros-Eiche mit den breitesten Ästen, unter der meine Brüder unsere Zelte und das Essen aufstellten. Danach rollte Hassan Zigaretten und summte Volkslieder. Adlan backte Fladenbrot über einem Lagerfeuer. Als *dake* noch lebte, saß sie im Schneidersitz da, lutschte Granatapfelkerne und erzählte Khudher und mir Geschichten. »Dieser Teil der Welt, Mesopotamien, ist die Wiege der Zivilisation«, hatte sie immer gesagt. »Aber das liegt nicht nur daran, dass die Zivilisation hier ihren Anfang nahm – in der Stille der Natur konnte die Spiritualität Einzug halten in die Welt. Jeder Fluss führt zum Meer und das Meer führt zu jedem Fluss.«

Der Minivan blieb vor einer Villa stehen, die von hohen weißen Säulen flankiert war.

Die Daesch-Wache auf dem Beifahrersitz herrschte uns an, dass wir unsere Kopftücher zurechtschieben sollten.

Als wir ausstiegen, war die Straße leer. Die Luft war stickig, genau wie in Rakka. Von der Straße gingen zahlreiche Gassen ab. Viele Fenster waren geöffnet, trotz der kühlen Luft. Ich erhaschte einen flüchtigen Blick auf eine schwarz verschleierte Frau, die auf einem Balkon im zweiten Stock stand.

Ich hob Eivan hoch, der die Beine um meinen Oberkörper schlang.

Ein schmiedeeiserner Zaun umgab das Haus, ein offenes Vorhängeschloss baumelte von einer Stange. Wir betraten einen Hof voller toter, raschelnder Büsche.

Im Innern roch das Haus nach Kampfer, Zimt, Minze und Kardamom, als wäre jemand gerade mit dem Kochen fertig. Die Daesch-Wache befahl uns, die Kopftücher aufzubehalten. Sobald wir unsere Schuhe ausgezogen hatten, führte er uns einen Gang hinunter, den eine Neonröhre nur spärlich erleuchtete. Navine rang die Hände und Eivan klammerte sich noch fester an mich. Die anderen Frauen kamen näher heran und fragten mich auf Shingali, was vor sich gehe. Ich wusste nicht, was ich ihnen antworten sollte.

Die staubigen Möbel waren aus schwerem Holz. Das Haus war schon lange nicht mehr geputzt worden. Die Teppiche waren abgewetzt. An den Wänden hingen gerahmte Poster mit Zitaten aus dem Koran.

Ein anderer, schmächtig gebauter Mann erschien und löste die Wache aus Rakka ab.

»Ich bin al-Amrikis Übersetzer«, sagte der Mann, während er uns in die Küche führte. Ich übersetzte für die anderen, wobei ich kurz über die Worte *al-Amriki* stolperte.

Ich kannte die Worte.

Sie bedeuteten »der Amerikaner«.

Ich räusperte mich. »Bist du der Mann, der uns gekauft hat?«, fragte ich.

»Nein.«

»Ist der Mann, an den wir verkauft wurden, Amerikaner?«

»Ja«, bestätigte er. »Er ist der Scheich von Aleppo.«

Ich stand schweigend und wie benommen da.

Die Amerikaner sollten uns befreien. Wenn Amerika Teil des Daesch war, wie sollten wir dann jemals gerettet werden?

»Erklär den anderen«, forderte mich der Übersetzer auf, »dass sie sich waschen müssen. Sheikh will, dass alle sauber sind, auch die Kinder.«

Während al-Amrikis Übersetzer die anderen Frauen und Kinder zum Bad brachte, fand Navine einen Topf und fing an, Wasser für Tee zu kochen. Ich beobachtete, wie die Flamme auf dem Herd aufflackerte. Daneben befand sich eine Spüle mit fließendem Wasser. Töpfe und Pfannen baumelten von einer kreisrunden Hängevorrichtung, die an der Decke befestigt war.

In einer halb offenen Schublade erspähte ich Löffel, aber keine Messer. Ich setzte Eivan auf den Boden, gerade als al-Amrikis Übersetzer mit einem kleinen Schneidemesser zurückkam. Er zeigte auf einen braunen Beutel mit Reis und ein paar überreife Tomaten und Auberginen, die auf dem Tisch lagen. »Ich bewache euch, während ihr das Gemüse schneidet«, sagte er zu mir. »Sheikh ist ein wichtiger Mann. Ihr müsst im Haus eure Kopftücher tragen, weil hier viele Besprechungen stattfinden. Ihr Frauen kocht das

Essen für die Männer. Aber ihr werdet es nicht auftragen. Das Essen wird vor die Tür des Gastraums gestellt.«

»Ist dieser wichtige Mann wirklich aus Amerika?«, fragte ich.

»Ja«, erwiderte der Übersetzer. »Er hat gesehen, dass die Menschen in Amerika vom rechten Weg abgekommen sind, und hat sich uns angeschlossen, weil er wusste, dass wir die Antwort sind. Er ist ein Emir, einer der größten und beliebtesten. *Hamdulilah.*« Gott sei gepriesen.

Mir schwirrte der Kopf vor Fragen, doch ich war schlau genug, sie nicht zu stellen. Stattdessen hörte ich zu, wie der Übersetzer die Hausregeln darlegte.

Wir mussten für das ganze Haus kochen und putzen. Eivan sollte auch mithelfen. Wenn wir Vorräte brauchten, sollten wir es dem Übersetzer oder einer der Wachen sagen, und sie würden alles auf dem Markt besorgen. Wir sollten uns jeden Tag duschen. Vor den Gebeten sollten wir Hände und Füße waschen. Navine und ich mussten im Haus zu jeder Zeit den Hidschab tragen. Der Übersetzer reichte mir einen Koran. »Ihr müsst beten, wenn ihr den Adhan hört. Unterbrecht, womit ihr gerade beschäftigt seid, und betet.«

Ich starrte das Buch mit großen Augen an. Es war in schwarzes Leder gebunden, das an manchen Stellen rissig war.

»Was ist denn? Haben sie euch in Rakka nicht gezeigt, was man als Moslem tun muss?«

Ich schüttelte den Kopf.

»Ach so, dann haben sie euch behalten, um euch als Sklavinnen zu verkaufen. Aber ein Moslem kann keinen anderen Moslem versklaven«, erklärte der Übersetzer. »In diesem Haus werdet ihr frei sein. Sprich mir nach. ›Es gibt keinen anderen Gott außer Allah. Mohammed ist Sein Bote.‹«

Ich starrte den Mann an.

»Sag es«, brüllte er. Langsam sprach ich es nach, wobei mir vollkommen bewusst war, dass ich islamische Worte wiederholte. Es war die Schahada, das muslimische Glaubensbekenntnis, das Leute aufsagten, wenn sie zum Islam übertraten.

»Gut«, sagte er, als ich fertig war. »Du bist jetzt Muslimin.«

»Ich möchte keine Muslimin sein«, wollte ich einwenden. Aber bevor ich es aussprechen konnte, flog die Küchentür so schnell und heftig auf, dass sie gegen die Wand knallte.

Der Mann, der die Küche betrat, sprach gebrochenes Arabisch und teilte dem Übersetzer mit, dass sich die Frauen immer noch nicht waschen würden.

»Geh und sagen ihnen, dass sie sich waschen sollen, sonst bekommen sie nichts zu essen«, befahl mir der Übersetzer. Ich hatte gerade ein paar Schritte auf die Tür zu gemacht, als der neue Mann die Hand hob, damit ich stehen blieb.

»Ich bin al-Amriki«, sagte er.

Ich hielt den Blick auf den Boden gerichtet. Er sprach Arabisch vorne im Mund, nicht hinten aus der Kehle wie ein Muttersprachler.

Der Mann hob mein Gesicht zu ihm auf, bis sich unsere Augen trafen.

»Wie heißt du?«, fragte al-Amriki.

»Badeeah«, murmelte ich.

Er ließ mein Gesicht los und ich senkte wieder den Blick. »Du wirst bald feststellen, dass alles, was du über deine Religion glaubst, falsch ist. Euer Engel ist Iblis, der Teufel. Du bist getäuscht worden.«

»Wer ist das?«, fragte al-Amriki dann und tippte Eivans Kopf an. Ich zuckte zusammen. Ich wollte nicht, dass er Eivan berührte.

»Mein Sohn«, flüsterte ich.

»Ich habe beschlossen, dich zur Frau zu nehmen.«

Er trat so nahe an mich heran, dass ich die Hitze, die von seinem Körper ausging, spüren konnte.

»Wir sind Sklavinnen«, stammelte ich. »Nicht Ehefrauen.«

»Sie ist jetzt Muslimin, wie du verlangt hast, und jung«, warf al-Amrikis Übersetzer ein. »Vielleicht um die sechzehn, obwohl sie wie die anderen gelogen hat. Den Leuten in Rakka hat sie erzählt, sie wäre achtundzwanzig.« Al-Amriki und der Übersetzer lachten.

Ich fing an zu schwitzen.

»Ich bin achtundzwanzig«, beharrte ich leise.

»Dich werde ich an meinen Freund verkaufen«, fuhr al-Amriki fort. Als ich aufblickte, sah ich, dass er auf Navine zeigte. »Und die schwangere Frau verkaufe ich an einen alten Mann. Sobald das Baby geboren ist, kann er sie zur Frau nehmen.«

Draußen knallte eine Autotür zu. In der Ferne hörte ich Schüsse, dann das entfernte Schwirren eines Helikopters.

»Ich bin verheiratet«, sagte ich schnell. »Du kannst mich nicht heiraten. Ich bin mit einem anderen Mann verheiratet.«

Der Raum verstummte. Diesmal konnte ich das Wasser im Bad am Ende des Flurs hören und die Frauen, die auf Shingali miteinander redeten.

»Es ist *haram*«, sagte ich zögerlich, während ich mich angestrengt zu erinnern versuchte, was ich über den Islam wusste. In der Schule und durch die Gespräche von Hassans Freunden hatte ich gelernt, dass *haram* verboten bedeutete. Für die Muslime, die meinen Vater besuchten, war es *haram*, Alkohol zu trinken, was Jesiden auf Partys tun. Ich wusste auch, dass es *haram* war, ein Mädchen zu heiraten, das schon mit einem anderen Mann verheiratet war.

Er blickte finster und beugte sich nah an mich heran. »Ich bin nicht so dumm wie die Mudschahedin im Irak und in Rakka«, sagte er leise, damit es niemand anders hören konnte. »Ich kann dir dein Alter ansehen und dass du Jungfrau bist. Dieses Kind ist gar nicht dein Sohn.«

Mir drehte sich der Kopf. Um mich zu beruhigen, sagte ich in Gedanken die Nummer auf, die Salwa mir in Rakka gegeben hatte: 07500851411.

»Komm mit«, sagte al-Amriki, während er Eivan schnappte und ihn sich über die Schulter hievte. »Du kommst auch mit«, befahl er und packte mich am Handgelenk.

Im Bad war eine Wanne und ein Waschbecken mit einem Spiegel. Beigefarbene Keramikfliesen bedeckten eine Wand. Obwohl in den Ritzen Schimmel wuchs, funkelten die Fliesen im Licht einer reich verzierten Deckenlampe. Ich konnte den undichten Duschkopf tropfen hören.

Al-Amriki riss mir den Niqab herunter und befahl mir, ihn anzusehen.

Er hatte welliges schwarzes Haar und schlammbraune Augen. Dicke Lippen und hohe Wangenknochen. Sein Bart lief an den Seiten seines Gesichts hinunter und unterm Kinn zusammen. Seine Haut war von einem fleckigen Weiß, nicht braun, als hätte sie noch nie die Sonne gesehen.

Als Hassan bei seiner Wahlkampagne um Stimmen warb, hatte er erklärt, dass ein großer Anführer sich nicht dadurch auszeichnen würde, dass er Befehle erteilte und

Gewalt anwendete, sondern dadurch, dass er andere überzeugte, an ihn zu glauben. Al-Amriki kam mir wie jemand
vor, der allen um sich herum Angst einjagte.

Kapitel vierzehn

Eine Höhle in den Wolken

Ich saß auf dem Küchenboden zwischen Navine auf der einen Seite und Eivan auf der anderen. Die restlichen Frauen bereiteten für al-Amriki und zwei männliche Gäste, die selbst zu dieser späten Stunde zweifellos über Krieg redeten, Essen und Tee zu.

Ich hatte das Gefühl, auf mir laste das Gewicht von ganz Aleppo.

Al-Amriki hatte gesagt, er würde mich holen, sobald das Treffen vorbei war. Auf einmal hatte ich das starke Bedürfnis, Navine von meinem Leben zu erzählen, als würde ich vielleicht nicht zurückkehren.

»Ich bin mit fünf in die Schule gekommen«, begann ich. »Ich folgte meinen Schwestern Hadil und Majida zum Schulhaus. Sie wollten anfangs nicht, dass ich mit ihnen zusammen dorthin lief, weil sie meinten, dass mich der Lehrer wegschicken würde, sobald er mein Alter erfuhr.« In Gedanken kehrte ich nach Kodscho zurück und Tränen stiegen mir in die Augen. Navine nahm meine Hand.

»Der Schuldirektor, der ein Freund meines Vaters war, musterte mich und meine Ausweispapiere. Schließlich lachte er. ›Du kannst bleiben und zusehen‹, sagte er zu mir, ›aber keine Klassenarbeiten mitschreiben. Nicht vor nächstem Jahr.‹«

Eivan hatte sich nah an mich geschmiegt und hörte aufmerksam zu.

»Ich fand es toll, lesen und schreiben zu lernen«, erzählte ich weiter. »Nachts zu Hause lernte und lernte ich. Irgendwie schaffte ich es, meinen Lehrer zu überzeugen, mich bei der ersten Arbeit doch mitschreiben zu lassen. Weil ich die volle Punktzahl erreichte, ließ er mich noch eine schreiben und dann noch eine. Mein Lieblingsfach war Arabisch. Zu Hause sah ich mir im Fernsehen arabische Programme an, die mir beim Lernen halfen.«

Navine drückte fest meine Hand. »Ich muss vielleicht den Raum eine Weile verlassen«, murmelte ich Eivan zu. »Aber Navine wird sich um dich kümmern. Als ich so klein war wie du, bestanden meine Spielzeuge aus Erde. Bis Adlan mir eine Puppe nähte, formte ich Puppen aus Lehm und benutzte Blätter für die Haare, Nüsse für die Augen und Blüten für den Mund. Versprich mir, dass du deine Fantasie benutzt und nie aufhörst, zu spielen. Immer wenn du es brauchst, kannst du dich irgendwo in deine Gedanken zurückziehen, wo du in Sicherheit bist.«

»Erzählst du mir eine Geschichte?«, bettelte Eivan. »Bitte ... Geschichte.«

»Na gut, schauen wir mal. Mir Meh war ein Mann, der vor dem Tod davonzulaufen versuchte«, fing ich an. »Als er sehr jung war, verließ er seine Familie, die in einem Dorf wie Kodscho wohnte, um mit einer Frau namens Falak zu leben.«

»Mir Meh bedeutet Prinz«, flüsterte Eivan.

»Genau. Falak war eine Hexe und versprach Mir Meh, ihn unsterblich zu machen – das bedeutet, dass er ewig leben würde. Falak und Mir Meh lebten lange in einer Höhle hoch oben im Sindschar-Gebirge, nah an den Wolken, wo niemand sie sehen konnte. Sie waren sehr glücklich, so glücklich, dass Mir Meh nicht bemerkte, wie viel Zeit vergangen war. Eines Tages, als Schwermut sein Herz befiel, sagte er zu Falak, dass er seine Familie besuchen wolle. Sie fehle ihm.«

Tränen liefen mir über die Wangen, als ich an Adlan dachte und mir wünschte, sie wäre hier, um mich zu leiten. Eivan gehörte nicht hierher, keiner von uns, an diesen Ort voller Waffen, Bomben und Männer, die nach Hass stanken. Ich dachte an sprudelnde Bäche, sanftes Gras, Farne, Moose und den Schmetterling, der mich in Sicherheit gebracht hatte, als ich klein war.

»Falak erklärte Mir Meh, dass er seine Familie vor fünf-hundert Jahren verlassen habe und, wenn er sich auf die Suche nach ihr machte, niemanden finden würde, der noch am Leben war. Da Mir Meh dennoch losziehen wollte, gab Falak ihm drei Äpfel und ein Pferd. ›Behalte diese Äpfel‹, sagte sie ihm. ›Iss sie oder bewahre sie auf, aber verschenke sie nicht.‹ Mir Meh versprach Falak, dass er ihren Worten folgen würde.

»Als Mir Meh in seinem alten Dorf ankam, erkannte er niemanden, genau wie Falak ihn gewarnt hatte. Ein Mann, der sich ihm als Bako vorstellte, begrüßte ihn. Bako wusch Mir Mehs Pferd und lauschte Mir Mehs Geschichte, dass er in den Bergen mit einer Hexe zusammenlebte, die ihn un-sterblich gemacht hatte. Als Mir Meh die Äpfel erwähnte, fragte sich Bako insgeheim, ob sie ihn auch unsterblich machen würden. Er bettelte Mir Meh an, ihm einen der Äpfel zu geben, damit er seinen kranken Bruder heilen konnte. Mir Meh, der Falaks Worte und sein Versprechen ihr gegenüber vergessen hatte, stimmte zu. Nur wenige Se-kunden nachdem sich Bako mit dem Apfel verabschiedet hatte, wurden Mir Meh und sein weißer Hengst schwächer.

»Kurz darauf kam Bako zurück, diesmal als alte Bett-lerin verkleidet. Er überzeugte Mir Meh, ihm den zweiten Apfel zu geben. Als Bako sich verabschiedete, wurden Mir Meh und sein Pferd gebrechlich.

»Bako kehrte ein drittes Mal zurück, diesmal in der

Gestalt einer schönen jungen Frau. Sie erzählte Mir Meh, dass ihre Mutter an einer schrecklichen Krankheit sterben würde. Mir Meh, der sich weiterhin nicht an Falaks Worte erinnerte, gab Bako seinen letzten Apfel.

»Kurz darauf starben Mir Meh und sein Pferd. Und Bako, der alle drei Äpfel gegessen hatte, wurde unsterblich.«

Eivan schwieg.

In der Ferne konnte ich wieder Schüsse hören. *Wenn wir doch nur durch die Wand schweben könnten, wären wir frei,* dachte ich. Jemand kämpfte gegen diese Männer. Wenn wir diese Leute fanden, könnten wir nach Hause gehen.

Ich redete trotz des Kloßes in meinem Hals weiter. »Mir Meh war meine Lieblingsgeschichte, als ich so alt war wie du. Deine Tanten und ich legten immer unsere Matten auf dem Boden aus und kuschelten uns nah aneinander, um uns warm zu halten, während wir ihr lauschten. Jedes Mal, wenn Adlan die Geschichte erzählte, halfen wir ihr, sich ein anderes Ende auszudenken. In einer Version ging Mir Meh, als er vom Gipfel des Bergs herabstieg, durch eine dunkle Wolke, die ihn die Höhle und sein Versprechen an Falak vergessen ließ. Aber Falaks Berghöhle ist immer noch da, und wenn du die Augen fest schließt, kannst du dich auch dorthin begeben. Wir kommen alle von dorther, es ist ein unendlich friedlicher und heller Ort. Wir haben es nur vergessen. Du darfst es nicht vergessen, Eivan.«

Eivan lutschte jetzt an seinem Daumen, seine Lider fielen zu und öffneten sich wieder, während er gegen den Schlaf ankämpfte. Ich wollte mit ihm einschlafen. Was hätte ich nicht dafür getan, wieder in Kodscho unter meiner Decke zu liegen, während Hassan pfeifend die Drähte an dem kaputten Radio reparierte, Adlan beim *kubbeh*-Kochen mit Töpfen schepperte und ich den Atem meiner Schwestern warm auf meinem Nacken spürte.

Die Dielen im Flur knarzten plötzlich.

Al-Amrikis Gäste gingen.

Ein Schrecken durchfuhr mich.

»*Assalamu alaikum*«, hörte ich al-Amriki sagen.

»*Wa alaikum assalam*«, antwortete ein anderer Mann.

Früher hatte mich die arabische Sprache an ein Liebesgedicht erinnert. Jetzt hasste ich ihren Klang.

»Eivan«, sagte ich schnell und rüttelte ihn aus dem Schlaf. Er wischte sich übers Gesicht und starrte mich an. »Ich möchte, dass du dich immer an diesen Ort oben in den Höhlen erinnerst. Denk jetzt daran: an diesen sicheren Ort, der nur von Liebe erfüllt ist. Denk an deine Mutter und Fallah, deinen Vater. Denk an all die Dinge, die dich glücklich machen. Das ist Teil des Spiels, von dem ich dir erzählt habe. Weißt du noch? Wenn du ganz ruhig und still bist, gelangst du an einen sicheren Ort, auch wenn um dich herum eine Menge Lärm herrscht. Beruhige dich, indem du an die Küsse deiner Mutter denkst und an die Umarmungen deines Vaters.«

Eivan nickte, als al-Amriki die Küchentür aufstieß.

Eivan schrie.

Al-Amriki schlug ihm ins Gesicht.

Dann bewegte er sich auf mich zu. Er streckte die Hand aus, packte mich an den Haaren und schleifte mich über den Boden. Ich zuckte vor Schmerz zusammen. Im nächsten Moment war ich auf einmal nicht mehr da. Ich schwebte hinauf zu den Wolken und hielt Eivans und Adlans Hände.

Ich hörte ein Mädchen schreien, und einen flüchtigen Moment lang wusste ich, dass ich es war. Aber sie war weit weg, während ich zu der Höhle aus weißem Licht und schöner Musik hinaufglitt, wo Falak Unsterblichkeit gewährte.

Kapitel fünfzehn

Dschinn

Nach dem Tod meiner Großmutter fing ich an, *Dschinnen* zu sehen.

Zuerst erzählte ich niemandem davon.

Einer der Dschinnen war ein alter Mann. Er erlaubte mir nie, sein Gesicht von vorne zu sehen. Er redete immer im Profil mit mir. Er war schwarz gekleidet und hatte dunkle Haut, so viel konnte ich sagen. Er war nicht sehr groß. Aber klein war er auch nicht.

Es gab noch mehr von ihnen, jüngere Männer, von denen einer nicht viel älter als ein Junge war.

Dschinnen, so hatte meine Mutter mir erzählt, als ich klein war, bestanden aus Feuer. Sie waren halb Geist, halb Mensch und konnten in Leute hineinfahren und sie täuschen. Dschinnen leben im Schatten, an dunklen, nasskalten Orten.

Ein Dschinn kann sowohl gut als auch böse sein. Die

Geister, die ich sah, waren nicht nett. Sie sagten mir, ich sei schmutzig. Sie befahlen mir, spontan zu lachen oder zu weinen, und prügelten mich, wenn ich mich weigerte, ihren Forderungen nachzukommen. Sie schrien mich an, ich solle meinen Teller Essen auf den Boden werfen. Ich tat es, weil sie drohten, mir sonst mit Stöcken auf Beine und Rücken zu schlagen. Adlan wurde böse, weil ich so viele Teller zerbrach. Die Dschinnen beschatteten mich auf dem Weg zur Schule und zurück. Sie versteckten sich hinter Bäumen und bewarfen meine Beine mit matschigen Äpfeln. Sie klauten mein Shampoo und versteckten es immer dann, wenn ich es brauchte.

Es würde mir noch leidtun, warnten sie mich, wenn ich irgendjemandem von ihnen erzählte.

Aber eines Tages, als sie mir auf dem Nachhauseweg vom Einkaufen wieder einmal auf den Fersen waren und der alte Dschinn in einer Tour auf mich einredete, wie hässlich ich sei, beschloss ich, dass es reichte. Ich marschierte ins Haus und holte meinen Bruder Fallah, der vom Polizeidienst in Sindschar zurück nach Kodscho gekommen war, um seine Hochzeit vorzubereiten. Ich führte ihn nach draußen in *dakes* Hain von Obstbäumen und zeigte auf die Dschinnen. Sie lachten und streckten ihrerseits die Finger in unsere Richtung.

Fallah kratzte sich am Kopf und sah mich dann fragend an. »Ich kann nichts sehen, Badeeah«, sagte er und zog die

Silben meines Namens auseinander. »Bist du sicher, dass du dir das nicht einfach bloß einbildest? Du warst nach dem Tod von *dake* sehr krank. Vielleicht hast du immer noch Fieber?«

Der alte Dschinn peitschte meine Waden mit einem nassen Handtuch. Ich schrie. Doch Fallah sah gar nichts. Er lachte nur und sagte, ich solle Bahar besuchen. Sie war eine Einheimische, die mit der Geisterwelt sprechen konnte.

Bahar empfing mich in einem Schuppen, der an ihr Haus gelehnt war. Als wir drinnen waren, setzte ich mich auf ein Kissen auf ihrem türkischen Teppich, während sie mir erklärte, dass mein Problem kompliziert sei. Geister zu vertreiben sei schwierig. Ich würde sie einen Monat lang einmal in der Woche besuchen müssen.

Mein Vater erklärte sich bereit, für meine Sitzungen mit Bahar zu bezahlen. Sie forderte mich auf, Schnörkellinien und Diagramme auf ein Stück Papier zu zeichnen, das sie mich daraufhin verbrennen ließ. Ich musste Sätze in einer Sprache aufsagen, die ich noch nie gehört hatte. Bahar erklärte, sie würde mithilfe meiner Handlungen eine Verbindung mit der Dschinn-Welt herstellen und die Dschinnen bitten, zu gehen.

Während meiner letzten Sitzung fiel Bahar in eine Art Trancezustand. Als sie wieder zu sich kam, sah sie mich mit trüben Augen an.

»Vor zweihundert Jahren sagte ein Jeside namens Mam

Isso voraus, dass uns schlechte Zeiten bevorstünden«, erklärte sie. Ihre Hände zitterten, während sie sprach. »Er sagte, die ganze Welt würde durch Kodscho von den Jesiden erfahren. Alle waren von seinen Worten überrascht. Zu jener Zeit hatten sich die Bewohner von Kodscho der Völkermorde wegen zerstreut und lebten in der Nähe von Sindschar. Ich sehe diesen Mann jetzt.« Bei ihren Worten lief mir ein Schauer über den Rücken.

»Ich weiß nicht, warum«, fuhr sie fort. »Aber ich höre ihn jetzt wieder diese Warnung aussprechen.«

Ich war zu schockiert, um ihr zu glauben. Fallah hatte wohl recht. Seine Erklärung, dass Dschinnen nicht real seien und ich sie mir nur einbilden würde, ergab jetzt mehr Sinn. Von diesem Tag an sah ich die Dschinnen nie wieder.

Aber an jenem Morgen in Aleppo, kurz bevor ich an diesem nebligen Ort zwischen Schlaf und Erwachen zu mir kam, sah ich den alten Dschinn. »Jetzt haben wir dich endlich«, brüstete er sich. »Wir haben dich in die Falle gelockt.«

Ich setzte mich mit einem Ruck auf.

Schwer atmend sah ich mich um. Der Dschinn war verschwunden.

Ich lag auf einem cremefarbenen Teppich auf dem Boden. Ein zerknittertes, blutverschmiertes weißes Laken war um meine Beine gewickelt. Das Zimmer roch nach Deo und Schimmel.

Ich drehte mich auf die Seite und übergab mich. Mit jedem Würgen durchfuhr mich ein pochender Schmerz.

Während mein Körper sich langsam entspannte, begutachtete ich die Prellungen an meinen Hand- und Fußgelenken. Wo al-Amriki mich geschlagen hatte, war die Haut wund und empfindlich. Ich stöhnte, als ich aufzustehen versuchte.

Meine Kleider waren überall im Raum verstreut. Ich zog sie langsam an und atmete tief durch, um den Schmerz zu lindern, der durch mich hindurchschoss.

Die Tür war einen Spaltbreit geöffnet und ich konnte al-Amriki in einem anderen Teil des Hauses seine Gebete murmeln hören. Ich wollte angezogen und wieder in der Küche sein, bevor er damit fertig war. Ich wollte so weit wie möglich von diesem Mann entfernt sein.

Dann fiel mir ein, dass er mich mit einer Pistole bedroht hatte. Auf der Suche nach der Waffe ließ ich den Blick durch den Raum schnellen. Aber alles, einschließlich des Korans und der Gebetskette, die er am Abend zuvor herausgelegt hatte, war weg. Mir wurde es schwer ums Herz. Ich hatte eine Vision gehabt, in der ich mir seine Waffe schnappte, die Patronenkammer mit Kugeln füllte, so wie Hassan es immer getan hatte, und al-Amriki erschoss.

Ich hatte die Gespräche der Männer über Krieg und

Mord immer gemieden. Ich wollte Ärztin werden, Leben retten. Jetzt durchflutete mich etwas Neues und Schreckliches: eine so gewaltige Wut, dass ich hätte töten können. Zum allerersten Mal sah ich mich das Leben eines anderen Menschen beenden. Ich hatte die Tür zum Hass geöffnet.

Ich setzte gerade mein Kopftuch auf, als al-Amriki kam, um mir zu sagen, dass er das Haus verließ. Er würde bei Anbruch der Dunkelheit zurück sein, teilte er mir mit, und eine Wache im Haus zurücklassen, um uns im Auge zu behalten.

Ich solle Navine die al-Fatiha, die erste Sure des Koran, beibringen, wies er mich an. Zur Mittagszeit würde uns die Wache zeigen, wie man betet.

»Was ist mit den anderen?«, fragte ich.

»Sie sind weg«, sagte er mit einem boshaften Lächeln.

»Was?«

»Heute Morgen. Ich habe sie alle verkauft. Alle außer den Jungen. Das andere Mädchen, Navine, ist ein Geschenk für einen Freund. Sie bleibt hier, bis er zurückkommt.«

Al-Amriki ächzte, als er den Munitionsgurt anlegte, den er dabeihatte. Seine nackten Füße machten ein klatschendes Geräusch auf den Holzfliesen.

Sobald ich hörte, wie sich die Haustür öffnete und wieder schloss, beugte ich mich erneut vor und übergab mich.

»Wir müssen fliehen«, sagte ich zu Navine an diesem Morgen. Im Haus war es, vom gelegentlichen Husten der Wache und dem tropfenden Duschkopf abgesehen, völlig still. Eivan spielte mit seinem Taxi, während Navine und ich die Köpfe zusammensteckten. Ein paarmal dachte ich, ich könnte den alten Dschinn hören.

Navine schüttelte den Kopf. »Er wird uns umbringen, wenn wir versuchen, zu fliehen«, wandte sie ein. »Und wohin sollten wir gehen? Wie sollen wir aus Aleppo rauskommen? Wir wissen nicht einmal, wie wir von hier aus den Irak finden sollen.«

In Rakka war Navine die Selbstsichere, die Starke gewesen, die keine Angst vor dem Tod hatte. Jetzt war ich es.

»Der Übersetzer hat gesagt, wir sollen uns an ihn wenden, wenn wir etwas benötigen, und er oder die Wache würden es dann besorgen. Ich behaupte einfach, dass wir ein paar Dinge brauchen ...«

»Mehr Reis«, schlug Navine vor und straffte die Schultern. Sie rutschte auf den Knien herüber, um mir den Beutel zu zeigen. Er war noch halb voll, aber sie stand auf und schüttete einen Teil des Reises die Spüle hinunter. So würde der Beutel fast leer sein, wenn die Wache nachsah.

»Wenn die Wache zum Markt aufbricht«, fuhr ich fort, »gehen wir auch, aber in die entgegengesetzte Richtung.«

Trotz der Kälte würden wir nur mit den Kleidern, die wir auf dem Leib hatten, gehen müssen. Aber ich wollte etwas Warmes für Eivan finden. In dem Zimmer, in dem Navine geschlafen hatte, entdeckte ich einen kleinen rosa Mantel und schnappte ihn mir. Eine der anderen Mütter musste ihn zurückgelassen haben. Im Wandschrank fand Navine zwei Chimars. Die umhangartigen Gewänder würden uns ein bisschen vor der Kälte schützen.

Ich nahm allen Mut zusammen und sagte dem Wachsoldaten, was wir brauchten: Reis und Tomaten sowie Shampoo und Medikamente für Eivan. Je mehr Sachen er besorgen musste, umso länger wäre er weg, hoffte ich.

Wir hielten den Atem an, als sich erst die Eingangstür und dann das schmiedeeiserne Tor knarzend öffnete und wieder schloss. Die Wache hatte beide nicht abgesperrt. Er hatte wohl darauf vertraut, dass wir zu viel Angst haben würden, um zu fliehen.

Schnell wickelten Navine und ich uns in die Chimars. An der Tür fanden wir unsere Schuhe und ich zog Eivan den rosa Mantel an.

Draußen prallte mir kühle Luft entgegen. Der Herbst war da. In Kodscho hätten uns der Geruch von rauchigen Kaminfeuern und nassen Blättern und die reichen Aromen von Zimt und gerösteten Früchten von Adlans Marmeladen begrüßt.

Ich steckte den Kopf durchs Tor und erhaschte einen Blick auf die Wache, die in einem Laden verschwand. Ich zog Navine und Eivan in die entgegengesetzte Richtung

auf das Gebäude zu, wo ich die Frau auf dem Balkon gesehen hatte.

Mein Herz raste, als wir eine Gasse hinunterrannten.

Bei jedem Schritt durchfuhren mich Schmerzen von al-
Amrikis Übergriff. Aber wir mussten schnell weitergehen.
Das könnte unsere einzige Chance sein, zu entkommen.

Als wir um eine Ecke bogen, blieb ich abrupt stehen und
zog Navine und Eivan hinter mich.

Vor uns schwankte eine Frau die Gasse hinunter. Sie
trug ein großes Tablett, über dem Geschirrtücher lagen,
und ich konnte frisch gebackenes Brot und herzhafte Gewürze riechen. Sie bemerkte uns zuerst nicht, doch als sie
spürte, dass sie nicht mehr allein war, drehte sie sich überrascht um und fragte uns, was wir wollten.

Mein Mund wurde trocken und ich suchte nach Worten.
Bevor ich antworten konnte, öffnete sich eine Tür, und ein
großer alter Mann in einer Dischdascha erschien.

»Wer seid ihr?«, wollte er wissen. Die Frau schlüpfte
hinter ihm ins Haus und verschwand.

»Wir brauchen ein Krankenhaus«, brachte ich heraus.

»Warum?«, fragte er misstrauisch.

Mein Herz raste und mir drehte sich der Kopf. Der
Mann verschränkte die Arme und klopfte mit dem Fuß auf
den Boden.

»Meine Schwester ist schwanger«, stammelte ich
schließlich. »Sie hat Schmerzen und braucht eine Frau,

dir ihr hilft.« Ich dachte angestrengt nach. »Ihr Mann ist nach Dair Hafir gefahren. Irgendwas stimmt mit dem Baby nicht.«

Die Frau mit dem Tablett tauchte wieder auf. Aus der Nähe sah ihr Gesicht jünger aus, als ihre buckelige Erscheinung vermuten ließ. Ihre Augen waren mit dunklem Kajal umrandet, was sie eindringlich und gelb erscheinen ließ, wie Schlangenhaut.

»Kümmere dich um die beiden«, fauchte der Mann sie an.

Die Frau funkelte uns böse an, bevor sie murrte, dass wir ihr folgen sollten.

»Du bekommst ein Baby?«, fragte sie Navine, als wir die Straße in Richtung von al-Amrikis Haus zurückgingen. Plötzlich packte mich die Angst.

»Ja«, antwortete ich. »Meine Schwester ist so verzweifelt, dass sie nicht sprechen kann.«

»Wir müssen von der Straße«, erklärte die Frau und beschleunigte ihren Gang. »Bis zum Adhan ist es nicht mehr lange. Während des Gebets kann man nicht draußen sein.«

Wir befanden uns jetzt wieder auf der Hauptstraße. Ich wickelte den Chimar um mein Gesicht, sodass nur meine Augen zu sehen waren, und stupste Navine an, damit sie dasselbe tat.

»Sie verhaften alle, die während des Gebets auf der Straße sind, sperren sie ein und foltern sie. Einmal ist eine

Frau ohne ihren Chimar rausgegangen. Der Daesch hat ihren Mann umgebracht und sie ins Gefängnis gesteckt«, führte die Frau weiter aus. »Wir können vor Ende des Gebets nicht ins Krankenhaus gehen.«

Die Frau bog in einen Hof ein, und das Haus, in das sie uns führte, war niedrig, wie ein Bungalow mit einem einseitigen Obergeschoss im hinteren Teil. Es war gespenstisch ruhig.

Als die Frau ihren Chimar und ihren Niqab abnahm, erinnerte mich ihr dunkles seidenes Haar an Hadil und Majida. Sie bedeutete mir und Navine, dass wir unsere Oberbekleidungsstücke auch ablegen sollten.

Ich holte tief Luft. »Bitte«, sagte ich, »du musst uns helfen. Leih uns einfach ein Handy … irgendwas … damit wir hier rauskommen. Wir geben dir Geld, eine Menge Geld.«

Die Frau riss die Augen weit auf. »Dann ist sie also nicht schwanger?« Sie zeigte auf Navine.

Ich schüttelte den Kopf. »Man hat uns entführt.« Ich streckte die Hand aus und umklammerte ihren Arm. »Man hat uns aus unserem Dorf im Irak verschleppt. Unsere Mütter und Väter suchen nach uns. Wir müssen zurück nach Hause. Was auch immer du haben willst, ich werde einen Weg finden, dich zu belohnen.«

Die Frau erwiderte scharf: »Das Gebäude, wo der Mann mit euch geredet hat, ist das Büro des Daesch. Ihr habt keine Ahnung, was ihr da von mir verlangt!«

Ich fiel auf die Knie. »Bitte«, flehte ich. »Du bist eine Frau. Du musst uns verstehen.« Als Eivan meine Verzweiflung sah, fing er an, zu wimmern. Er wand sich aus Navines Armen und presste sich an mich.

Die Frau gab mir ein Zeichen, aufzustehen. »Ihr müsst gehen, wenn das Gebet vorbei ist«, verlangte sie und blickte weg.

Ich fing an, zu weinen. Die Frau drehte sich um und ging in ein anderes Zimmer, wo wir sie beten hörten.

Als sie zurückkam, legte sie ihren Chimar und ihren Niqab an. »Wartet hier«, sagte sie, ihre Stimme klang jetzt viel freundlicher. »Ich sehe, was ich tun kann.«

Eine halbe Stunde lang ging ich auf und ab, Eivan immer dicht hinter mir, während Navine die Hände rang und bei jedem Geräusch von draußen zusammenschreckte.

Als wir endlich einen Schlüssel im Schloss hörten, standen wir alle drei kerzengerade da. Der Boden unter unseren Füßen brach ein, als al-Amriki das Zimmer betrat. Wieder schallte das Gelächter des alten Dschinn in meinen Ohren. Wir saßen in der Falle.

Al-Amriki fuhr uns zu einem ein paar Kilometer entfernten Gebäude. Er würde uns zum Gericht bringen, sagte er, wo die Richter darüber entscheiden würden, ob wir ins Gefängnis geworfen oder hingerichtet werden sollten.

In einem großen Raum saßen hinter einem langen

Tisch drei Männer. Der bärtige in der Mitte, der offenbar das Sagen hatte, fragte immer und immer wieder auf Arabisch, warum wir weggelaufen seien. Er zitierte den Hadith – Überlieferungen des Propheten Mohammed – über die Rolle der Frauen, ihren Ehemännern zu gehorchen und das Haus nicht ohne deren Erlaubnis zu verlassen.

»Ich dachte, mein Sohn wäre sehr krank. Es war ein Notfall. Ich hatte keine andere Wahl, als das Haus zu verlassen«, flehte ich. »Diese Frau ist die Lügnerin! Ich brauchte ein Krankenhaus für meinen Sohn.«

Navine schaltete sich auf Shingali ein. Der vorsitzende Richter runzelte die Stirn. Schließlich hob er seine großen Hände, brüllte, dass Navine still sein solle, und befahl mir, zu übersetzen, was sie gesagt hatte. Aus der Schule kannte ich das islamische Recht ein wenig. »Erlaubt der Koran der Frau nicht, bei einem Notfall das Haus ohne die Zustimmung ihres Mannes zu verlassen? Sie hat Ihnen erklärt, dass mein Sohn krank ist. Wir waren auf der Suche nach Medikamenten.«

Der Richter gab einem kleinen dünnen Mann ein Zeichen, sich mir zu nähern. In seiner Hand hatte er ein ledergebundenes Exemplar des Koran. »Leg deine rechte Hand auf den Koran und sag dreimal, dass du nicht weggelaufen bist«, forderte mich der vorsitzende Richter auf.

Ich starrte das Buch an, unfähig mich zu bewegen. Aus dem Augenwinkel konnte ich sehen, wie al-Amriki sich nach vorne beugte, während sein durchdringender Blick jede meiner Bewegungen verfolgte.

Ich schluckte schwer. Schuldgefühle stiegen in mir auf. Es war eine Sache, Notlügen zu erzählen, um uns zu retten. Aber jetzt würde ich Gott anlügen. Ich dachte an Lalisch und unseren Tempel, an unseren sanftmütigen Glauben, der zu Toleranz und Liebe ermutigt, und an den Mystizismus, der durch mich hindurchfloss – aber ebendieser war die Ursache unserer jahrhundertelangen Verfolgung. Ich war stolz, Jesidin zu sein. Ich wollte gerade antworten, dass ich meinen Glauben nie aufgeben würde, als ich die Stimme meiner Mutter hörte. »Tu es. Wenn du es nicht tust, könntest du Eivan verlieren.« Meine Mutter hatte recht. Der Islam, den dieser Mann und die anderen Daesch-Dschihadisten praktizierten, war in meinen Augen keine Religion. Ich war mir sicher, dass Gott mir verzeihen würde.

»Schwöre auf den Koran, dass du nicht weggelaufen bist«, verlangte der vorsitzende Richter noch einmal laut.

Der spindeldürre Mann hielt mir den Koran hin. Ich legte die rechte Hand auf das Buch. »Ich schwöre bei Allah, dass ich nicht weggelaufen bin«, sagte ich. »Ich habe die Frau um Hilfe gebeten, um Medikamente und ein Krankenhaus für meinen Sohn zu finden.«

Der Richter hatte mir vielleicht geglaubt, doch nicht al-Amriki. Zurück in seinem Haus prügelte er Navine und mich. Er trat uns beiden in den Brustkorb. Ohrfeigte uns. Spuckte uns ins Gesicht.

Als er schließlich das Haus verließ, sperrte er uns zusammen mit einer Wache ein und nahm den kreischenden Eivan mit.

Kapitel sechzehn

Tod

Als al-Amriki zurückkehrte, verkündete er, dass er Eivan verkauft habe.

Ich heulte, als wäre ich bei einem Begräbnis, ich wälzte mich auf dem Küchenboden und bohrte mir die Fingernägel in die Beine, bis ich blutete. Ich riss mir ganze Haarsträhnen heraus.

Al-Amriki war das egal.

An diesem Abend, als er mir befahl, mich zu waschen, bevor ich in sein Zimmer kam, umklammerte ich seine Beine. »Bitte«, flehte ich. »Bitte bring meinen Sohn zurück. Ich tue alles, was du sagst. Ich werde für alle Zeiten deine Braut sein.«

»Du kannst dem Richter etwas vormachen, mir aber nicht«, knurrte al-Amriki.

Ich ließ ihn los und sprang auf die Füße. Ich fing an, mich zu verbeugen und die Arme zu heben und zu senken, so wie es die Daesch-Leute beim Gebet taten. Währenddessen kramte ich alles aus meiner Erinnerung, was ich mitgehört hatte, wenn Muslime zu Besuch bei meinem Vater gewesen waren. »Allah verabscheut die Unterdrücker. Uns hier so festzuhalten, ist wie Unterdrückung. Allah wird wütend auf dich sein.«

Al-Amriki starrte mich nur an.

»Da ich deine Frau bin, sind mein Sohn und alle Kinder, die ich habe, sowie meine Nichten und Neffen auch Teil der Familie.«

Al-Amriki schüttelte den Kopf und stieß mich von sich. »In zehn Minuten werde ich dir beim Waschen zusehen. Zehn Minuten. Im Bad.«

Ich hörte, wie al-Amriki einen Wandschrank im Flur durchwühlte. Er kam mit Ziegenfleisch für eine Person in die Küche zurück und befahl Navine, es zu kochen. Wenn er mit mir fertig sei, erklärte er, wolle er essen.

»Du kannst etwas für mich tun«, sagte er zu mir, als er sich zum Gehen wandte.

»Ich tue alles, um meinen Sohn zurückzubekommen«, versprach ich. »Alles, was du verlangst.«

»Fang an, zu beten«, brummte er. »Bete heute Abend. Und morgen, fünfmal am Tag. Und bring es ihr bei«, befahl er und wedelte mit der Hand in Navines Richtung. »Bald wirst du begreifen, dass der Islam der einzige Weg ist. Euer Gott ist ein falscher Gott.«

Die darauffolgenden Tage vergingen so langsam wie schmelzendes Eis. Navine kümmerte sich ums Kochen, weil ich keine Energie hatte, mitzuhelfen. Ich saß stumm da, mit dem Rücken gegen die Wand.

Ich hörte die Stimmen von Männern, die kamen und gingen, wenn sie sich mit al-Amriki trafen. Navine machte ihnen Lipton-Tee und servierte ihnen Nüsse, Feigen und Süßigkeiten, die al-Amriki in einem anderen Teil des Hauses versteckte.

Wenn der Gebetsruf von einer nahe gelegenen Moschee in die Küche drang, stand ich auf und bedeutete Navine, mir zu folgen. Während ich das muslimische Gebet aufsagte, dachte ich an Khatuna Fakhra. Ich wollte die Hände nach ihr ausstrecken, hatte aber das Gefühl, dass sie mich aufgegeben hatte. Man hatte mich in Rakka getäuscht, als ich mit Eivan wiedervereint wurde. Jetzt war Eivan für immer weg. Ich hatte ihn im Stich gelassen. Ich hatte meine Familie im Stich gelassen.

Ich überlegte, wie ich mich umbringen könnte. In Kodscho war einmal ein junger Mann mit einer Wunde am Hals beim Arzt aufgetaucht. Er war verblutet, bevor der Arzt ihn untersuchen konnte. Wenn es mir gelang, nach dem Kochen ein scharfes Messer zu behalten, könnte ich mich erstechen. Aber eine Wache sammelte das Messer jedes Mal ein, sobald Navine damit fertig war.

Ich spielte an dem Hidschab herum, den ich immer

trug, außer wenn ich mit al-Amriki zusammen war. Vielleicht konnte ich mich damit an der Duschvorhangstange erhängen. Eines Nachmittags, während al-Amriki außer Haus war, eilte ich ins Bad, aber Navine folgte mir auf dem Fuß. Sie hatte erraten, dass ich mir etwas antun wollte, und würde mir keine Gelegenheit dazu geben.

Ich schien in einer düsteren und nicht enden wollenden Zeit gefangen zu sein.

Nach meiner Schätzung war es November, vielleicht Dezember. Das bedeutete, dass wir seit fast vier Monaten in Gefangenschaft waren.

Ich kämpfte nicht mehr gegen al-Amriki an. Jedes Mal, wenn er mich wollte, folgte ich ihm, ohne mich zu wehren. Doch jedes Mal, wenn ich Eivans Namen erwähnte, beharrte al-Amriki darauf, dass er ihn verkauft hätte.

Auf Navines Drängen hin fing ich wieder an, ihr bei der Zubereitung des Essens für die Männer, die zu Besuch kamen, zu helfen. Wenn ich die Tabletts vor die Tür des Gastraums stellte, versuchte ich, etwas von ihren Gesprächen aufzuschnappen.

Einmal hörte ich die Männer über neue Rekruten reden. Anscheinend waren gerade zehn Ausländer – ein paar aus Deutschland, ein paar aus Großbritannien – in Aleppo eingetroffen und wurden verhört, um sicherzugehen, dass sie keine westlichen Spione waren.

Einer der Männer meinte, dass Propagandavideos mit den Ausländern gedreht werden sollten, um mehr Muslime aus dem Westen anzuziehen, damit sie Teil der islamischen Nation wurden.

»Du solltest auch vor der Kamera stehen«, hörte ich einen der Gäste zu al-Amriki sagen. Ich konnte an seiner Stimme erkennen, dass er noch jung war, vielleicht noch ein Teenager.

Al-Amriki reagierte wie immer aggressiv und brüllte, dass er sich nie würde fotografieren lassen. Ein anderer Mann stimmte ihm zu. Al-Amriki sei in der Hierarchie zu weit oben, um sich fotografieren zu lassen; das würde nur die Aufmerksamkeit der Amerikaner wecken, die ihn dann bestimmt zur Strecke bringen wollten.

Am nächsten Tag ließen die Männer die Tür zum Gastraum sperrangelweit offen. Ich konnte sehen, dass sie eine Landkarte musterten, die an die Wand gepinnt war. Al-Amriki hatte einen Zeigestab und gab Anweisungen. Als er fertig war, nahm er die Karte herunter und steckte sie ins Sofa.

Eines Nachmittags, als al-Amriki außer Haus war, holte ich die Karte aus ihrem Versteck. Aber ich hatte zu viel Angst, um sie auseinanderzufalten, weil eine Wache in der Nähe war.

An anderen Tagen tauchte ein Daesch-Soldat mit einer langen Kiste auf. Al-Amriki öffnete sie jedes Mal und holte eine Waffe heraus. In der Regel war es eine AK-47, manchmal aber auch schultergestützte Flugabwehrraketen. Jeden Tag, so schien es, wurde eine neue Waffe geliefert, damit unser Geiselnehmer sie untersuchen und anderen erklären konnte. Aus den Gesprächen schloss ich, dass er darüber entschied, ob der Daesch in diese Waffe investieren würde oder nicht.

Wenn ich die Männer belauschte, war ich zumindest beschäftigt. Ohne Eivan an meiner Seite war ich innerlich völlig leer. Ich hatte jegliche Hoffnung aufgegeben, diese Stadt zu verlassen, in der selbst die Frauen durch Gehirnwäsche dazu gebracht worden waren, zur Misshandlung anderer Frauen und Mädchen beizutragen. Ich kämpfte gegen lähmende Erschöpfung und wachsende Selbstmordgedanken an. Aber ich musste zuhören, weil mir immer wieder durch den Kopf ging, dass ich einen Weg finden könnte, den Peschmerga oder den Amerikanern mitzuteilen, was der Daesch vorhatte. Wenn ich ihnen irgendwie die Karte zukommen lassen könnte, wäre mein Tod die Sache wert.

Auch lernte ich Passagen aus dem Koran auswendig, um sie gegen al-Amriki zu verwenden. »Allah vergibt alles und ist allmächtig«, sagte ich eines Nachts zu ihm. »Wenn Allah vergeben kann, kannst *du* es auch. Bitte vergib mir und bring Eivan zurück.«

Al-Amriki schlief nicht viel. Er ging ständig auf und ab

und redete am Telefon oder am Computer. Dabei sprach er so laut, als wäre der Rest der Welt ebenfalls hellwach. Nachdem er mich missbraucht hatte, lag ich jedes Mal reglos da und lauschte seinen Gesprächen. Oft hörte ich die Stimme einer Frau am anderen Ende. Ein paarmal, wenn er glaubte, ich würde schlafen, stellte al-Amriki seinen Computer in der Ecke des Zimmers auf. Dann konnte ich die Frau sehen, mit der er sprach. Sie war strohblond. Manchmal trug sie ein Kopftuch, aber nur sehr lose, sodass ihr Haarsträhnen ins Gesicht fielen.

Mit ihr redete er sanft und leise, als wäre sie seine richtige Frau.

Ich war todunglücklich. Das wenige, das ich über Liebe und Ehe wusste, vermischte sich jetzt mit meinem Wissen über zusätzliche Ehefrauen und Ehefrauen als Kriegsbeute. Manche jesidischen Männer hatten mehr als eine Frau. Doch mein Vater und meine älteren Brüder hatten mir durch ihre Liebe zu meiner Mutter und ihren Frauen gezeigt, wie eine Ehe wirklich aussehen sollte. Ihre Ehen beruhten auf Respekt, Treue, Güte und der gegenseitigen Anerkennung ihrer jeweiligen Stärken. In meiner Kultur war die Ehe ein Bund, den man mit Ritualen und einer Zeremonie feierte, und beruhte nicht einfach nur auf den Worten eines Mannes, der sagte: »Ich nehme dich zur Frau.«

Am Abend des neunten Tages ohne Eivan tauchten ein paar Daesch-Soldaten auf und teilten al-Amriki mit, dass wir umziehen müssten. Während ich die Tabletts mit Tee, türkischem Gebäck, Oliven und Käse auslegte, schnappte ich auf, dass wir um Mitternacht aufbrechen würden. »Mitten in der Nacht, wenn es völlig still ist«, sagte einer der Männer mit einer tiefen, krächzenden Stimme.

Andere erklärten, dass Flugzeuge auf dem Weg hierher seien.

Obwohl ich hoffte, dass irgendeine Armee nach uns suchte, fiel ein dunkler Schatten über mich. Von hier wegzugehen bedeutete, dass, selbst wenn wir fliehen konnten, kaum eine Chance bestand, Eivan jemals wiederzufinden. Mit dem Haus hier hatte ich zumindest einen Anhaltspunkt gehabt.

Als ich wieder in der Küche war, musterte ich die Steckdose, in die der Kühlschrank eingestöpselt war. Das brachte mich auf eine Idee. Ich beschloss, genau dann mit dem Abwaschen des Geschirrs anzufangen, wenn die Männer normalerweise nach einer weiteren Runde Tee verlangten. Ich würde Navine bitten, sie zu bedienen. Sobald sie weg war, wenn auch nur für ein paar Sekunden, würde ich mit meinen nassen Fingern eine Gabel oder ein Messer in die Dose stecken.

Doch an diesem Abend kam keine Wache, um nach mehr Tee für die Männer zu verlangen. Stattdessen befahl man uns, al-Amriki beim Packen zu helfen. Wir könnten mit dem Umzug nicht bis Mitternacht warten, sagte er. Die Abenddämmerung habe die Stadt eingehüllt. Wir müssten jetzt sofort aufbrechen.

Kapitel siebzehn

Häuser

Man befahl mir, al-Amrikis Kleider in Kisten zu räumen, während er seinen Computer einpackte. Er hatte auch einen ganzen Vorrat an Handys sowie Funkgeräte, Waffen und Munition, die zwei Soldaten in einen wartenden Laster luden. Als wir startklar waren, flehte ich al-Amriki an, mich eine einzige Sache mitnehmen zu lassen: den kleinen rosafarbenen Mädchenmantel. Er erinnerte mich an Eivan. Es war das Letzte, was ich von ihm hatte.

Wir stiegen in den Minivan und al-Amriki setzte sich nach vorne neben den Fahrer. Navine und ich saßen zusammen hinter den Männern auf dem Rücksitz und hielten uns unter den Chimars an den Händen.

Vor uns und hinter uns befanden sich Pick-ups voller Waffen und schwer bewaffneter Männer.

Als wir im Schritttempo durch die Geisterstraßen von Aleppo fuhren, konnte ich die Umrisse unbeleuchteter Wohnblöcke ausmachen. Genau wie Kodscho hatte Aleppo offenbar nur für ein paar Stunden am Tag Strom. In ein paar Fenstern flackerten Kerzenlichter oder Petroleumlampen.

Über uns war der Himmel klar. Gelegentlich leuchteten Blitzgewitter auf, vermutlich von Bomben oder starken Gefechten in einem anderen Teil der Stadt.

Das Haus, zu dem wir fuhren, lag nicht weit entfernt. Sein Metalltor öffnete sich quietschend auf rostigen Angeln. Der Hof war voller Schlaglöcher und Unkraut. Die Eingangstür aus dünnem Holz hatte eine Delle, die von einer Faust zu stammen schien.

Die Luft im Haus brachte mich zum Würgen. Sie war nicht nur verbraucht, sondern auch noch von einem anderen Geruch überlagert. Nach totem Hund vielleicht. Ich atmete in meinen Hidschab.

Al-Amriki schüttelte den Kopf und redete aufgebracht mit einem anderen Daesch-Mann auf Englisch. Ich musste kein Englisch können, um zu verstehen, dass das Haus nichts taugte. Auch ein paar arabische Wörter flogen durch die Luft: Das Haus rieche nach *almawt*, »Tod«. Es sei *muqassis*, »ekelhaft«. Mir wurde allmählich klar, dass der Daesch die Häuser von toten oder geflohenen Menschen übernahm.

Als wir wieder im Auto saßen, kurbelte al-Amriki die hinteren Fenster halb herunter, damit wir die frischere Nachtluft einatmen konnten. Wir fuhren nicht sofort los.

»Wichtiger Mann ... das Haus ist für den Scheich von Aleppo«, brüllte die Wache auf dem Fahrersitz in sein Handy.

Diesmal fuhren wir ein ganzes Stück weiter, über Straßen, die mit hohen, verzierten Gebäuden gesäumt waren. Auch sie waren dunkel und voller Gespenster, die mir einen kalten Schauer den Rücken hinunterjagten.

Als wir an leer stehenden Kirchen und Moscheen vorbeikamen, betrachtete ich die Bauten. Aus irgendeinem seltsamen Grund tröstete mich ihr Anblick. Die Kreuze und Minarette auf ihren Spitzen waren wie ein Zeichen, das uns daran erinnerte, dass Aleppo besser war als seine Daesch-Invasoren. Zum ersten Mal seit der Trennung von Eivan schöpfte ich neue Hoffnung.

Schließlich hielt der Fahrer vor einem zweistöckigen Haus an. Von außen sah es wie ein kleiner Steinpalast aus. Doch innen blätterte die Farbe von den Wänden, die Keramikfliesen waren gesprungen, und hier und da kam die Decke herunter. Es war zweifellos ein Kriegshaus. Im Hauptzimmer lag immer noch der Geruch von Soldaten in der Luft. Von Zigarettenstummeln überquellende Aschenbecher standen überall in der Küche herum. Teegläser, zum Teil noch halb voll, waren zurückgelassen worden. Töpfe, in denen verbrannter Reis klebte, türmten sich in der Spüle.

Trotz der späten Stunde befahl al-Amriki Navine und

mir zu putzen. Er mochte es gern ordentlich. Auch in seinem Zimmer waren seine wenigen Habseligkeiten immer sorgfältig ausgelegt.

Aber nachdem wir unsere Chimars ausgezogen hatten, änderte al-Amriki seine Meinung.

»Ich will schlafen gehen«, sagte er und nickte mir zu. »Wasch dich und folge mir.«

Er befahl Navine, mich zu begleiten und sich auch zu waschen, während er telefonierte.

Ich ließ mir von Navine das Kleid über den Kopf und die Hose herunterziehen. Im Bad gab es keine Wanne, sondern nur eine weiß gefliese Dusche. Der Duschvorhang war hellgelb und hing von einer dünnen Metallstange, die mein Gewicht niemals würde halten können, dessen war ich mir sicher. Eine grelle Glühbirne baumelte von der Decke. So konnte ich es tun: einen Metalllöffel in die Fassung stecken.

»Ich muss dir etwas sagen«, wandte ich mich an Navine, als sich der Raum mit Dampf füllte.

Sie drehte sich zu mir.

»Ohne Eivan bin ich verloren. Ich will nicht mehr leben.«

Navine trat einen Schritt zurück und lehnte sich mit ihrem ganzen Gewicht gegen die Tür. »Wir werden Eivan finden. Du musst darauf vertrauen.«

»Nein, das werden wir nicht.« Mein Gesicht glühte. Mir

schnürte sich die Brust zu. »Der Soldat, an den al-Amriki dich verschenken will, wird bald hier sein. Sobald al-Amriki zu seiner nächsten Mission aufbricht, musst du mich lange genug allein lassen, damit ich sterben kann. Wenn du mich dann findest, schlag richtig Alarm, und während die Wache versucht, mich wiederzubeleben, schlüpfst du aus dem Haus. Bitte diesmal niemanden um Hilfe. Hör nicht auf, zu rennen, und versteck dich, bis du aus dieser Stadt raus bist ... «

»Ohne dich gehe ich nicht«, fiel sie mir ins Wort.

»Ich kann mich meiner Familie nie wieder zeigen«, murmelte ich. »Ich habe alles verloren.«

Al-Amrikis Stimme hob und senkte sich wie das wogende Meer. Er war in einem Nebenraum und sprach Englisch.

»Geh rein«, sagte Navine und zeigte mit dem Kopf auf die Dusche. Als ich unter dem schwachen Wasserstrahl stand, der nach verrottendem Müll roch, zog Navine den Duschvorhang um mich herum zu.

In der Regel stürzte sich al-Amriki sofort auf mich, wenn er mich mit in sein Zimmer nahm. Aber in dieser Nacht wollte er reden. Anders als im vorherigen Haus befand sich in diesem Zimmer ein Bett mit Lattenrost und Matratze. Er bedeutete mir, mich darauf zu setzen.

»In den Vereinigten Staaten war ich nicht glücklich«,

fing er an und stützte sich auf seinen Arm. »Irgendetwas fehlte. Ich reiste nach Syrien und traf Leute, die mir den Islam auf eine Weise erklärten, wie ich ihn noch nie gekannt hatte. Als ich zurück in mein Land ging, fing ich an, den Koran zu studieren. Ich fand Allah und beschloss, nach Syrien zurückzukehren und Moslem zu werden. Dann entdeckte ich den rechten Weg.« Nach einer kurzen Pause redete er weiter. »Meine syrischen Freunde riefen mich an und erzählten mir, dass sie ein weltweites Kalifat gründen wollten, und fragten, ob ich mich ihnen anschließen würde. Und das tat ich natürlich. Ich wollte dem Islamischen Staat beitreten, und ich will, dass jeder Allah anerkennt.«

»Du bist ein Dreckskerl«, sagte ich auf Shingali. Dabei lächelte ich, damit al-Amriki glaubte, ich würde ihm zustimmen.

»Es gibt so viel Leid in der Welt«, fuhr er fort. Er hatte die Maske fallen lassen und sah sich verträumt im Zimmer um. »Und ich meine nicht nur Armut und Kriege. Ich meine Hass und Habgier, die zu Süchten geworden sind. Vor allem in Amerika sind die Menschen neidisch und gottlos. Ich möchte Allah der ganzen Welt vorstellen. Verstehst du?«

Ich biss die Zähne zusammen. Natürlich verstand ich. Ich verstand, dass er ein Egomane war.

»Ja, Dreckskerl«, antwortete ich wieder auf Shingali.

Adlan, so wollte ich ihm erzählen, hatte einmal zu mir

gesagt, das größte Missverständnis sei der Glauben der Menschen, nur das, was sie sehen könnten, sei real. »Was wir uns vorstellen, erschaffen wir«, hatte sie mir erklärt. »Wir bringen keine Schönheit mehr hervor, wenn wir glauben, nur die Augen könnten sehen.« Sie hatte auf ihre Stirn gezeigt, an die Stelle, wo die Mystiker, so sagte sie, ihre himmlischen Klänge hören. »Alles hier drin ist real. An dieser Stelle tritt die Liebe ein. Wenn du deine Welt von diesem Punkt aus erschaffst, erschaffst du Freude.«

»... die Armen werden ärmer, die Reichen und Mächtigen tun, was sie wollen«, sprach al-Amriki weiter. »Ich hasse meinen Präsidenten.« Er ballte die Fäuste. »Präsident Obama. Sollte ich jemals die Gelegenheit bekommen, werde ich ihn köpfen. Ich hasse Amerika und ich hasse alles Amerikanische. Unsere Oberhäupter lügen nach Strich und Faden und die Leute kaufen es ihnen einfach ab.«

Eine tief in mir brodelnde Wut stieg langsam in mir hoch. Es war mir egal, ob die amerikanische Armee immer noch nach uns suchte oder ob die Helikopter und Flugzeuge, die ich in der Ferne hörte, diesen Krieg beenden wollten. Nein. Ich war wütend auf Amerika: eine Nation, die so viel besaß, aber dennoch Bestien wie al-Amriki hervorbrachte.

»Wer von euch ist denn der Wahnsinnige?«, fragte ich al-Amriki auf Shingali.

»Könntest du Arabisch sprechen?«, fragte er, zur Abwechslung einmal ruhig.

Ich wechselte zu Arabisch. »Jetzt, da du hier bist, hast du die Wahl, nicht die Dinge zu tun, die du tust. Du hast die Wahl, andere nicht zu unterdrücken. Du hast die Wahl, Menschen, die schwächer sind als du, nicht umzubringen. Du hast die Wahl, dir keine Mädchen und Frauen gegen ihren Willen zu nehmen.«

»Wir haben euer Dorf nicht zerstört«, sagte er abwehrend. »Das war der Daesch im Irak.«

Ich sah ihm direkt in die Augen – etwas, das ich noch nie zuvor getan hatte –, bevor ich weitersprach. »Wir Jesiden hatten ein weibliches Oberhaupt, Mayan Khatun, die begriff, dass die Unterdrückung durch unsere Feinde dazu geführt hatte, dass wir unsere eigenen Familien unterdrückten. Die Regentin sagte, dass die Jesiden sich erst dann weiterentwickeln könnten, wenn die Familie und das Gleichgewicht zwischen Männern und Frauen wiederhergestellt sei. Ich weiß nicht viel über den Islam, aber ich bin mir sicher, dass auch Allah für Liebe und Respekt steht. Ihr habt das alles falsch verstanden.«

Al-Amriki atmete schwer. »Wer bist du? Eine Spionin? Warum sagst du solche Sachen?«

Ich war mir sicher, dass er mich für meine Widerworte schlagen würde. Doch ich sah nicht weg oder wappnete mich. Zum ersten Mal erlebte ich, wie viel Macht ich über ihn hatte. Er schien unter meinem Blick zu schrumpfen und ich erkannte den verlorenen kleinen Jungen in ihm. Al-Amriki ahnte nicht, dass ich jetzt die Oberhand hatte. Denn es war mir egal, ob ich lebte oder starb.

Es klopfte an der Eingangstür, dann schrie eine männliche Stimme: »Sheikh.«

Al-Amriki sprang auf und verließ den Raum.

Kurz darauf rief er nach mir.

Auf halbem Weg den Flur hinunter blieb ich stehen. Ich roch Pfefferminze und Karamell. Dann hörte ich das unverkennbare Geräusch von raschelndem Bonbonpapier.

Meine Atmung wurde schwer und mein Herz fing an zu flattern.

»Mama«, hörte ich eine leise Stimme rufen. »Mama?«

Ich stürmte in den Hausflur und sah Eivan neben al-Amriki stehen. Seine Hände waren voller Süßigkeiten und sein Mund mit Schokolade verschmiert.

»Ich habe ihn dir zurückgebracht«, sagte al-Amriki.

Eivan rannte zu mir und berührte mein Gesicht mit seinen klebrigen Fingern.

Licht war in meine Dunkelheit zurückgekehrt.

Kapitel achtzehn

Wiedervereint

»Eine schreckliche Hexe. Nicht wie Falak in der Geschichte«, erzählte mir Eivan. »Die Hexe hat mich gezwungen, ihr Haus zu kehren, und überall draußen.«

Al-Amriki hatte ihn an eine fette alte Frau verkauft, die ihn, so behauptete Eivan, wie einen Sklaven behandelt hatte.

Es war mitten in der Nacht. Al-Amriki hatte mir erlaubt, mit Eivan in Navines Zimmer zu schlafen. Morgen würde ich zu ihm zurückkehren müssen.

Navine schlief tief und fest. Zu dritt lagen wir in einem Kinderbett, das kaum groß genug war für eine Person, auf einer Schaumstoffmatratze und teilten uns eine raue Wolldecke. Unsere aneinandergeschmiegten Körper hielten uns warm.

Im Haus war es still, von dem *Tropf, Tropf* des undichten Duschkopfs und Eivans Erzählung abgesehen. »Sie hatte schwarze Warzen im Gesicht und hat gerochen, als würde sie sich nie waschen. Ich musste einen Eimer Wasser und Seife holen und den Steinboden schrubben.«

»Was hast du gegessen?«, fragte ich. Nach dem anfänglichen freudigen Schock darüber, Eivan zurückzuhaben, bemerkte ich nun, dass er schmäler geworden war. Seine Hose rutschte beim Gehen herunter. Sein Brustkorb zeichnete sich unter seiner Haut ab, die von Vitaminmangel und mangelhafter Ernährung gelb war. Selbst seine Pausbacken waren geschrumpft.

»Sie hat mir eine Zwiebel zu essen gegeben«, antwortete er und tat, als würde er spucken. »Wenn ich Hunger hatte und um mehr gebeten habe, hat sie mich geschlagen.«

Ich zuckte zusammen. Zum Glück war es dunkel. Ich wollte nicht, dass Eivan das Entsetzen in meinem Gesicht sah.

»Aber als mich die böse Hexe geschlagen hat, habe ich nicht geweint«, sagte Eivan stolz. Ich biss mir innen in die Wange, um nicht zu weinen. »Ich war nicht wie Mir Meh. Ich habe mich an dich und Mama erinnert«, flüsterte er mir ins Ohr.

Als er schließlich eingeschlafen war, lag ich auf dem Rücken und sagte in Gedanken die Nummer auf, die Salwa mir gegeben hatte: die Telefonnummer unseres Cousins Amin.

Ich tat alles, was ich al-Amriki versprochen hatte, wenn er Eivan zurückbringen würde. Ich kochte seine Mahlzeiten. Ich half Navine beim Putzen. Wenn al-Amriki nicht zu Hause war, las ich weiter den Koran. Je mehr ich über die verschiedenen Abschnitte nachdachte, desto größer wurde die Wut in mir. Al-Amrikis Deutung seines Heiligen Buches war sehr engstirnig. Er wählte nur die Verse aus, manchmal Teile von Versen, die seine selbstsüchtigen Bedürfnisse untermauerten. Aus Angst, er könnte mir Eivan wieder wegnehmen, sprach ich ihn nicht darauf an. Aber Worte brodelten in mir, bereit zu explodieren.

Jeden Tag näherten sich die Bomben und schwirrenden Helikopter ein wenig mehr. Der Krieg kam zu uns. Ich musste al-Amriki und seine Soldaten nicht belauschen, um das zu wissen.

Eines Abends, nachdem die Männer, die ihn besuchten, das Haus verlassen hatten, rief mich al-Amriki zu sich, damit ich mich neben ihn setzte.

Sein flacher Computer lag offen auf seinem Schoß. Auf dem Bildschirm war die blonde Frau.

Ich hielt den Blick gesenkt, da ich keine Ahnung hatte, wie eine Ehefrau eine andere behandeln sollte – sofern er überhaupt mit ihr verheiratet war. Ich hatte noch nie mit einer Frau aus dem Westen gesprochen.

Die Frau sagte etwas auf Englisch.

»Schau sie an«, herrschte al-Amriki mich an.

Ich sah auf. Die Frau redete offenbar mit mir, aber ich konnte sie nicht verstehen. Sie trug kein Kopftuch und ihre dünnen Haare fielen glatt auf ihre Schultern. Sie hatte ein schmales, ovales Gesicht mit hohen Wangenknochen, doch sie war nicht hübsch. Sie hatte etwas Strenges an sich. Obwohl sie ihre dünnen Lippen zu einem Lächeln verzog, erschauderte ich unwillkürlich und hatte das Gefühl, dass sie voller Hass war.

Im Hintergrund hörte ich ein Baby brabbeln. Die Frau entfernte sich, verschwand vom Bildschirm und tauchte mit einem Baby, einem kleinen Jungen, in den Armen wieder auf. Er war etwa ein Jahr alt.

Das Kind hatte einen glänzenden kahlen Schädel und strahlende rosafarbene Haut. Die Frau steckte den Kopf hinter dem Kind hervor und sagte noch mehr auf Englisch, während der Junge Spuckeblasen machte.

Ich fing an, den Saum meines Kleids zu verknoten und wieder aufzubinden. Während wir hier verrotteten, war dieser Junge nicht nur gesund, sondern richtig kernig.

Al-Amriki hat ein Kind versklavt, das nur ein paar Jahre älter ist als sein eigenes, wollte ich dieser Frau zuschreien. Wusste sie das? Interessierte es sie überhaupt? Was für eine Art Frau war sie?

Dann waren sie weg. Der Strom im Haus flackerte, bis er schließlich ganz aussetzte.

In dieser Nacht erzählte mir al-Amriki, er müsse für ein

paar Tage nach Kobani in Nordsyrien gehen. Es gab Probleme, so konnte ich aus seinem Tonfall heraushören, vielleicht größere, als er bisher erlebt hatte. Kobani, das sich im Besitz des Daesch befand, wie al-Amriki stolz verkündete, wurde angegriffen. Er würde am Morgen aufbrechen. Bei seiner Rückkehr, erklärte er, würde er Navine zu seiner zweiten Frau machen. Sein Freund würde doch nicht kommen.

Ich protestierte in Navines Namen und wandte ein, dass al-Amriki eine Sklavin, eine Köchin und eine Putzfrau brauchte. Und er hatte schon zwei Frauen. »Ich bin deine Hauptfrau«, sagte ich zu ihm. »Ich bin die ganze Zeit bei dir. Ich erlaube dir nicht, dass du noch jemanden zur Frau nimmst. Das ist nicht richtig.«

»Das ist schon in Ordnung«, erwiderte er. »Wenn du hier bei mir bleibst, werden wir ein schönes Leben haben. Ich werde dich an niemand anderen verkaufen.«

Doch ihm war nicht klar, dass ich nie zulassen würde, dass Navine auf dieselbe Art wie ich verletzt würde. Ich würde einen Weg finden, ihn umzubringen, bevor es so weit kam.

»Du hast bewiesen, dass ich dir vertrauen kann«, fuhr er fort. »Ich brauche alle meine Soldaten für den Kampf. Wenn ich gehe, werde ich euch mit genügend Essen ins Haus einsperren, aber ihr werdet ganz alleine sein.«

Mein ganzer Körper kribbelte vor Aufregung. Diesmal würde ich ein Telefon finden und Amin anrufen. Ich konnte nicht darauf warten, dass mir jemand aus Aleppo half.

»Außerdem«, sagte er, während seine Stimme immer schläfriger wurde, »wirst du sowieso nicht fliehen. Ich habe gehört, dass jesidische Mädchen wie du, die mit Daesch-Männern verheiratet waren, getötet werden, wenn sie zu ihren Leuten zurückkehren. Dein eigenes Volk will dich nicht wiederhaben.«

Mein Puls wurde schneller. Ein Gefühl der Schwere legte sich auf mich. »Was?«

»Jesidische Männer bringen ihre Frauen um«, sagte er. »Väter bringen ihre eigenen Töchter um.«

»Das verstehe ich nicht.«

Al-Amriki war eingeschlafen. Aber meine Augen wollten nicht zufallen.

Die ganze Nacht überschlugen sich in meinem Kopf die Gedanken. Ich wusste, dass Jesiden streng mit ihren Töchtern waren. Ein paar Mädchen waren sogar ermordet worden, weil sie sich in Nichtjesiden verliebt hatten. Als ich meine Mutter fragte, warum, antwortete sie, dass die jesidische Überwachung von Mädchen ein dunkler Schatten sei.

»Badeeah, unsere Entwicklung gleicht den Gezeiten des Meeres. Wir machen Fortschritte, ziehen uns dann aber in unsere Ängste zurück. Genau das beobachtete Mayan Khatun, als die Jesiden unter ottomanischer Kontrolle standen. Männer, die von sich selbst entfremdet in Angst und Wut leben, unterdrücken ihrerseits diejenigen, die ihnen am nächsten sind. Städte, Kulturen, Religionen und Völker sind genauso. Auf dem Weg zur Vollendung bewegen wir uns ständig vor und zurück.«

Was wäre, wenn al-Amriki die Wahrheit sagte? Was wäre, wenn uns unsere Brüder und Väter nach jahrelanger Unterdrückung durch Saddam Hussein und jetzt durch den Daesch umbrachten? Was wäre, wenn es mir gelang, mit Eivan in den Irak zurückzukehren, nur um mich meinem eigenen Tod gegenüberzusehen?

Kapitel neunzehn

Flucht

»Lass uns jetzt gehen«, drängte Navine und schnippte mit den Fingern, während ich Eivan mit meinem Ärmel übers Gesicht wischte.

Bevor die Männer nach Kobani in die Schlacht aufgebrochen waren, hatte einer der Bewacher des Hauses auf dem Markt ausreichend Essen für drei Tage besorgt. Eivan schob sich ganze Hände voll Reis, den ich mit gerösteten Tomaten und Aubergine vermischt hatte, in den Mund. Als sein Teller blitzblank war, bat er um mehr.

»Wenn du zu viel auf einmal isst«, erklärte ich ihm, »wird dir schlecht. Ich weiß, dass du großen Hunger hast, Eivan.« Ich ging neben ihm in die Hocke. »Aber das ist unsere beste Chance, von hier zu entkommen. Du hast bei unseren Spielen bisher so gut mitgemacht. Kannst du noch ein bisschen länger still sein und tun, was ich sage?«

Eivan nickte.

»Geh mit Navine zur Eingangstür«, wies ich ihn an und zwang mich zu einem Lächeln, während ich ihm in den rosa Mädchenmantel half. »Ich komme gleich nach.«

Ich schnappte mir meinen Chimar, doch statt ihn überzuziehen, steuerte ich auf al-Amrikis Zimmer zu. Mein Herz schlug wie wild, als ich zu seinem geheimen Schrank rannte, in den er sein Essen, Funkgeräte, Waffen und, wie ich hoffte, seine Karten einschloss. Er war abgesperrt. Ich trat gegen die Tür. Immer und immer wieder warf ich einen Stuhl dagegen, aber das Holz gab einfach nicht nach. Hektisch warf ich die Sofakissen im Gastraum beiseite. Nichts. Ich rannte zurück ins Schlafzimmer, schob das Bettzeug auseinander und schleuderte es durch den Raum. Keine Karten, aber unter der Matratze fand ich sein Telefon, das teure, das wie ein kleiner Fernseher aussah.

Ich eilte zum vorderen Teil des Hauses. »Wie benutzt man das?«, fragte ich und drückte Navine das Telefon in die Hand.

Wir probierten die Knöpfe auf dem Display aus. Ein paar Bilder von al-Amrikis amerikanischer Frau und seinem Sohn erschienen. Doch wir kamen nicht dahinter, wie man damit telefonieren konnte. Die einzigen Handys, die wir je benutzt hatten, waren Nokias. Frustriert schob ich al-Amrikis Telefon in meine Tasche. Wenn es uns gelang, aus Aleppo rauszukommen, könnte ich es den Peschmerga oder der amerikanischen Armee geben. Vielleicht speicherte al-Amriki auch wichtige Daesch-Informationen darauf.

Ich legte einen Niqab an und wickelte den Chimar um mich. »Okay, gehen wir. Wir müssen ein anderes Handy finden.«

Navine hatte in der Küche zwischen den Reinigungsmitteln verborgen einen Hammer gefunden. Sie hämmerte gegen das Schloss an der Eingangstür, bis es irgendwann nachgab. Sie drehte den Knauf und zu dritt traten wir nach draußen.

In der Wintersonne kniff ich die Augen zusammen. Es war ein heller, wolkenloser Tag. Ich konnte meinen Atem in der Luft sehen.

Um meine Nerven zu beruhigen, drückte ich fest Eivans Hand.

Wir gingen zügig die Straße hinunter, in der Hoffnung, dass wir wie muslimische Ehefrauen beim Einkaufen aussahen. Wir gingen um eine und dann eine weitere Ecke, unsicher, wohin wir unterwegs waren.

Ich sah zu Eivan hinunter. An seiner angespannten Miene konnte ich erkennen, dass er Angst hatte, aber er tat, worum ich ihn gebeten hatte. Seine Tapferkeit berührte mich.

Ich zitterte, als wir auf einmal hinter einer Frau hergingen, die eine schwarze Plastikeinkaufstasche dabeihatte.

Kurz darauf hörte ich die lauten Geräusche eines Marktes: Kunden und Händler feilschten um Preise, Leute schrien, und Babys weinten.

Trotz des kalten Wetters schwitzte ich unter dem Gewicht des Chimars, als wir den Markt erreichten. Ich wusste, dass man uns schwer bestrafen würde, wenn man uns ein zweites Mal bei der Flucht erwischte. Vielleicht würde ich sogar zum Tod verurteilt werden, weil ich unter Eid auf den Koran gelogen hatte.

»Da drüben«, sagte Navine und wirbelte mich herum. Ich spähte durch die kleine Menge von Einkäufern, größtenteils Frauen in schwarzen Chimars wie wir.

Nicht weit von uns entfernt waren in einer Vitrine elektronische Geräte ausgestellt, darunter auch teure Handys wie das von al-Amriki.

Navine zog mich in Richtung des Ladens.

Der ältere Mann hinter der Theke hatte ein verwittertes Gesicht und sein schwarzer Bart war kurz, nicht so lang wie die Bärte der Daesch-Männer.

»Was kann ich für euch tun?«, fragte der Mann. Seine Stimme war heiser, als hätte er sein ganzes Leben lang geraucht. Während ich gegen den Drang ankämpfte, wegzulaufen, betrachtete ich die Auslage. Ich überlegte, ob ich ihm al-Amrikis Handy geben und ihn fragen sollte, wie man es benutzte. Gerade als ich das tun wollte, fielen mir ein paar Nokia-Handys auf, die auf der Vitrine in einer Schüssel lagen.

Ich schluckte. »Wir müssen nur mit einem von denen hier einen Anruf tätigen«, sagte ich zu dem Mann und zeigte auf die Nokia-Handys.

Der Mann antwortete nicht. Sein Schweigen fühlte sich an, als würde er mich mit einem Messer durchbohren. Er würde den Daesch anrufen und uns zurück zu al-Amriki schicken; dessen war ich mir sicher. Die schlanken Hände des Mannes zitterten, als er in die vordere Tasche seiner Schürze griff.

Ich redete weiter. »Mein Vater ist nach Dair Hafir gefahren«, erklärte ich. »Er hat vergessen, mir und meiner Schwester Geld für Lebensmittel dazulassen. Ich muss einen Verwandten anrufen, damit er uns Geld gibt.« Während ich sprach, ließ ich mir Amins Telefonnummer ununterbrochen durch den Kopf gehen, damit ich sie nicht vergaß. »Ich kann Sie nicht bezahlen, nicht sofort«, sagte ich zu dem Mann. »Aber wenn Sie uns telefonieren lassen könnten, bringe ich Ihnen Geld. Bitte helfen Sie uns.«

Sollte der Mann eine Waffe hervorziehen, so überlegte ich, würde ich mich vor Navine und Eivan werfen, um die Kugel abzufangen. Aber als er seine zittrige Hand aus der Schürzentasche nahm, hielt er ein Handy darin.

»Sag mir die Nummer«, forderte er mich auf, während er nervös über den Markt blickte. In dem Moment wurde mir bewusst, dass er genauso viel Angst hatte wie wir.

Während ich ihm die Nummer zuflüsterte, tippte er sie

in sein Handy. An dem Marktstand neben uns verkaufte ein jüngerer Mann, der klein und stämmig war, Zitronen, Orangen und Granatapfelsaft.

»Hier«, sagte der ältere Mann. Ich nahm das Handy entgegen und am anderen Ende war die Stimme eines Mannes zu hören.

»Wer ist da?«, fragte die Stimme in Shingali.

Tränen liefen mir über die Wangen und tränkten meinen Chimar.

»Badeeah Hassan Ahmed«, sagte ich.

»Wo bist du?«, fragte er schwer atmend. Ich musste ihm nicht erklären, warum ich anrief. Er wusste es bereits.

»Aleppo.«

»Aber wo?«

Mich verließ alle Kraft. Daran hatte ich gar nicht gedacht. Ich kannte die Adresse nicht.

Ich sah zum Markthändler auf. »Bitte«, stammelte ich, »meine Schwester, mein Sohn ... wir sind aus der Türkei. Ich kenne die Adresse nicht, wo wir wohnen, und ich muss sie meinem Verwandten geben, damit er uns Geld bringen kann. Können Sie uns helfen?«

Ein weiteres undurchdringliches Schweigen breitete sich zwischen uns aus und übertönte die Marktgeräusche. Jetzt, dachte ich, sind wir hundertprozentig tot.

»Sag der Person, dass du zurückrufst«, erwiderte der Händler schließlich.

Ich tat es. Ich hatte keine andere Wahl.

»Bring mich zu dem Haus, wo ihr wohnt«, verlangte er, während er eine Jacke anzog.

Ich bekam keine Luft. Und wenn das eine Falle war? Und wenn dieser Mann al-Amriki kannte? Auf einmal fühlte ich mich einer Ohnmacht nahe.

Ich spürte, wie Eivan an meinem Kleid zog, und blickte hinunter in seine leuchtenden Augen. Um ihn und Navine aus Aleppo zu bringen, musste ich den Tod riskieren.

»Kommen Sie«, sagte ich zu dem Händler. »Folgen Sie mir.«

Wieder auf der Straße schrak ich bei der lauten Fehlzündung eines Autos zusammen.

Als wir um die Ecke bogen und al-Amrikis Haus in Sicht kam, zog ich Eivan fest an mich.

Vor dem Haus angekommen, zeigte ich darauf. »Hier«, sagte ich zu dem Händler.

Der Mann nahm sein Telefon heraus und wählte noch einmal Amins Nummer. Nach einer kurzen Pause sprach er die Adresse des Hauses in das Handy und reichte es mir.

»In ein paar Stunden«, hörte ich Amin sagen. Ich ließ den Händler nicht aus den Augen, suchte nach irgendeinem Anzeichen, dass er uns gleich verraten würde. Aber er beobachtete eine Gruppe junger Männer, die auf uns zukam.

»Ja«, sagte ich zu meinem Cousin. »In ein paar Stunden ... was?«

»Leg jetzt auf«, fuhr mich der Händler an.

»Jemand namens Nezar wird euch abholen«, erklärte Amin. »Das Passwort ist sein Name. Öffne nur ihm die Tür. Nezar ist ein Menschenschmuggler. Er wird euch aus Syrien rausbringen.«

»Geht ins Haus«, befahl der Händler scharf, den Blick immer noch auf die jungen Männer gerichtet, die sich weiter näherten. »Ihr seid hier draußen nicht sicher.«

Ich legte auf und gab ihm das Handy zurück.

»Danke«, sagte ich zu dem Händler. »Assalamu alaikum.« Ich verbeugte mich und wandte mich dann zum Haus.

»Warte kurz«, hielt mich der Händler auf. Er bedeutete mir, näher zu kommen. »Du kennst mich nicht«, flüsterte er. »Wenn ihr geschnappt werdet, haben wir uns noch nie getroffen. Versprichst du mir das?«

Ich nickte.

»Und noch was«, fügte er hinzu, bevor er uns wegwinkte.

»Diese Männer, die euch gefangen halten, gehören nicht zum Islam. Wenn ihr wieder in Freiheit seid, vergesst nicht, dass wir immer noch mit ihnen in dieser Stadt gefangen sind.«

Sobald wir durch die Haustür traten, roch ich al-Amriki. Seinen Schweiß. Seinen Geruch.

Mein ganzer Körper verkrampfte sich.

Navine näherte sich mir von hinten, lockerte meinen Chimar und strich mir die Haare glatt.

»Er ist nicht hier«, versicherte sie mir, nahm meine Hand und führte mich in die Küche. Während sie mir ein Glas Wasser holte, setzte ich mich neben Eivan auf den Boden, der sein Spielzeugtaxi aus seinem Versteck in einem Schrank hervorgeholt hatte.

»Ich erzähl dir noch eine Geschichte«, sagte ich, wobei ich nur mit Mühe ruhig bleiben konnte, als Eivan das Spielzeug meinen Fuß und mein Bein hinauffuhr.

»Es war einmal ein Junge namens Tasmasp, der in einen Brunnen fiel, nachdem ihm von zu viel Honigessen schwindlig geworden war. Als er am Grund des Brunnens aufwachte, war er von Schlangen umgeben. Eine Schlange namens Samaran hatte den Kopf einer Frau, aber den Körper eines Reptils. Samaran nahm Tasmasp tief unter der Erde zu sich nach Hause, wo sie ihm *dolma* und *kubbeh* zu essen gab, die Gerichte, die er besonders mochte.«

Eivan lächelte. Er mochte diese Gerichte auch.

»Samaran war sehr weise und erzählte dem Jungen die Geschichte der Menschheit«, fuhr ich fort. »Dann, eines Tages, verkündete sie, dass sie keine Geschichten mehr zu erzählen hätte. Der Junge, dem nun langweilig war, wollte zu seinen Eltern zurückkehren. Samaran ließ ihn unter einer Bedingung frei. Er dürfe niemandem erzählen, wo sie lebte. Der Junge stimmte zu.

»Tasmasp wurde zu einem Mann und behielt das Geheimnis viele Jahre lang für sich. Dann, eines Tages, wurde der König seines Landes krank. Der König rief Tasmasp zu sich und erzählte ihm von einer Legende, die er gehört hatte. Wenn der König in den Besitz von Samarans Haut käme, würde er seine Krankheit überleben und all ihre Weisheit erben. Der König wusste, dass der Junge Samaran getroffen hatte, und verlangte zu wissen, wo man sie finden könnte.«

Der Adhan ertönte und kündigte das Mittagsgebet an.

»Ich erzähle dir das Ende, wenn wir wieder in Kodscho sind«, sagte ich und streichelte Eivans Stirn. »Denn bald wird all das hier vorbei sein.«

»Wach auf! Wach auf!«, hörte ich eine Stimme. Ich schlug die Augen auf und sah Navine. Mit einem strahlenden Lächeln reichte sie mir einen Chimar. »Er ist hier«, sagte sie. »Der Freund deines Cousins.«

»Wie lange habe ich geschlafen?«, fragte ich.

»Fast zwei Stunden«, erwiderte Navine. »Ich wollte dich nicht wecken. Ich wusste, dass du sonst nur nervös warten würdest.«

»Wo ist der Mann?«

»In dem Zimmer, in dem al-Amriki die anderen Soldaten trifft.«

Im Gastraum fand ich mich einem jungen Mann mit einem Schnurrbart gegenüber, der eine braune Jacke und Jeans trug. Als er zu mir aufsah, bekam ich weiche Knie. Er hatte große Augen, die mich an meinen Bruder Fallah erinnerten.

»Hallo«, sagte er in Shingali. »Ich bin Nezar.«

Nezar erklärte, dass wir aus dem Vorort, in dem der Daesch uns festhielt, in Richtung Ost-Aleppo gehen mussten, wo er sein Fahrzeug geparkt hatte. Wir würden so tun, als wären wir eine muslimische Familie. Damit wir noch vor Asr, dem Nachmittagsgebet, dort ankamen, würden wir zügig laufen müssen.

Nezar öffnete hastig die Eingangstür. Er schaute in beide Richtungen und winkte uns dann hinaus auf die Straße. »Geht hinter mir«, befahl er.

Bei jedem Schritt zuckte ich zusammen, in der Erwartung, geschnappt zu werden. Bei jedem Schritt stellte ich mir vor, dass al-Amriki gleich in einem weißen Geländewagen neben uns anhielt. Er würde Nezar erschießen, Eivan wegbringen und ihn diesmal vielleicht zu einem ihrer Selbstmordattentäter machen. Navine und ich würden mit Sicherheit zum Tode verurteilt werden.

Wir liefen an in Chimars und Niqabs gekleideten Frauen

vorbei, die unterwegs zu ihren Freundinnen waren, auf den Bazar gingen oder Besorgungen machten. Männer rauchten Zigaretten. Niemand schien in unsere Richtung zu blicken.

Irgendwann schmetterte eine Hupe, gefolgt von dem Geschrei von Männern, die Daesch-Kriegslieder sangen. Ich warf einen Blick zurück und sah einen weißen Daesch-Laster, der im Schritttempo hinter uns herfuhr.

Wir würden es nicht schaffen.

Man hatte uns entdeckt.

Kapitel zwanzig

Rückkehr in den Irak

Als ich Schüsse hörte, wappnete ich mich.

Der weiße Laster war jetzt auf unserer Höhe.

Ich hielt den Blick gesenkt.

Männer schrien und schossen mit ihren Sturmgeweh-
ren in die Luft.

Der Wagen überholte uns. Ich schluckte schwer, als mir
Galle hochkam.

Dann entfernte er sich und bog von der Straße ab.

»Nur ein Haufen Daesch-Verbrecher. Die müssen
immer eine Show abziehen«, sagte Nezar über seine Schulter, als sie weg waren. Aber seine Stimme verriet mir, dass
er auch Angst bekommen hatte.

Als wir weitergingen, war ich von der Verwüstung um
uns herum schockiert: ausgebombte Gebäude, felsengroße
Betonstücke. Ost-Aleppo war die Kriegszone, das Epizen-
trum. Die Straßen waren übersät mit Schutt, Tierkadavern,

Kinderspielzeugen und Frauenkopftüchern. Seiten zurück-
gelassener Bücher flatterten in der Brise. Nezar führte uns
vorsichtig um einen Daesch-Checkpoint herum, der von
mehreren Soldaten bewacht wurde. Ich biss die Zähne zusammen und bereitete mich darauf vor, entdeckt zu werden,
doch niemand wurde auf uns aufmerksam. Die Daesch-Soldaten waren zu sehr damit beschäftigt, eine Familie zu ver-
hören, während Kriegslieder aus einem Autoradio plärrten.

Beißender Rauch umgab uns: die verkohlten Überreste
einer einstmals schönen Stadt.

Der Adhan, der das Asr-Gebet ankündigte, tönte durch die
Straße, gerade als wir Nezars Auto erreichten, einen ram-
ponierten alten schwarzen Wagen, den er in einer Seiten-
straße geparkt hatte.

Sobald wir im Fahrzeug saßen und losfuhren, erklärte
Nezar, dass wir uns auf den Weg nach Manbidsch machen
würden, eine kleine abgelegene Stadt, die etwa eineinhalb
Stunden entfernt lag.

Wir fuhren schmutzige, rußbedeckte Straßen entlang.
Die Abenddämmerung brach zu dieser Jahreszeit schnell
an. Aber es war immer noch hell genug, um zu sehen, dass
jedes zweite Wohngebäude zerstört worden war. Viele der
Häuser, die noch standen, waren aufgegeben worden. Nezar erklärte, dass die ehemaligen Bewohner aus dem Land
geflüchtet seien.

In diesem Bürgerkrieg gab es viele Parteien, von denen der Daesch nur eine war. »Ein Krieg in einem Krieg«, nannte Nezar es. Der Arabische Frühling, der durch Nordafrika und den Nahen Osten gefegt war und die Regierungen in Tunesien und Ägypten zu Fall gebracht hatte, hatte Syrien 2011 erreicht. Demonstranten wollten mehr wirtschaftliche Freiheiten und Rechte. Doch der syrische Präsident Baschar al-Assad versuchte die Rebellion niederzuschlagen, indem er Hunderttausende Demonstranten umbringen oder ins Gefängnis werfen ließ. Deserteure des syrischen Militärs kündigten die Bildung der Freien Syrischen Armee an, die das Ziel hatte, al-Assads Diktatur zu stürzen. Während die sunnitischen Moslems des Landes seinen Sturz anstrebten, unterstützten Minderheiten weiterhin al-Assad. Unzählige Splittergruppen würden sich gegenseitig bekämpfen, erklärte uns Nezar, manche mit der Unterstützung ausländischer Regierungen, darunter die USA und Russland.

Eine schaurige Dunkelheit war hereingebrochen, als wir Manbidsch erreichten, eine Stadt, in der genau wie in Aleppo Menschen unterschiedlicher Religionen und Kulturen zusammengelebt hatten: Kurden, Christen, Araber sowie Anhänger des mystischen Islams, auch als Sufismus bekannt. Jetzt wirkte die Stadt verlassen. »Wir haben alle friedlich zusammengelebt«, berichtete Nezar, »bis dieser verdammte Krieg ausbrach. Der Prophet Mohammed hat seinen Anhängern Nachbarn aller Religionen zur Seite gestellt, und das schloss Menschen ein, die keiner Buchreligion folgen.«

Wir betraten die Wohnung, die sich Nezar mit seinen zwei Schwestern und seinem Vater teilte. Gerahmte Bilder von Koranversen bedeckten die Wände. Eines zeigte die Hände von Menschen verschiedener Hautfarben, die über einem Koranvers ineinander verschränkt waren: *Nicht gleich sind die gute Tat und die schlechte Tat. Wehre mit einer Tat, die besser ist, die schlechte ab, dann wird derjenige, zwischen dem und dir Feindschaft besteht, so, als wäre er ein warmherziger Freund.*

»Wir sind Moslems. Aber falls es dich verwirrt, dass ich Shingali spreche, das liegt daran, dass meine Familie ursprünglich Jesiden waren«, erläuterte Nezar.

Man führte uns in einen Gastraum, in dem Nezars Schwestern uns schwarzen Tee und Vanillekekse anboten.

Aber ich konnte nichts essen oder trinken.

Eine von Nezars Schwestern fragte, ob wir uns waschen wollten.

Navine nickte. Doch mir lief ein Schauer über den Rücken. Ich musste daran denken, wie al-Amriki mich beim Duschen immer angestarrt hatte, und schüttelte schnell den Kopf.

Die winzige Wohnung war spärlich eingerichtet. Der Teppich war zerschlissen. Auf einem Regal befand sich ein

Koran, auf einem anderen standen Kerzen und Petroleum-lampen. Die Küche am anderen Ende des Gastraums be-inhaltete nur das Nötigste: Metalltöpfe in verschiedenen Größen, Schüsseln, einen Kühlschrank und einen Gas-herd. Die beiden Frauen bereiteten Reis und Gemüse zu.

Als die Lichter flackerten und ausgingen, zündeten Nezars Schwestern die Petroleumlampen an. Zumindest hätten sie an diesem Tag überhaupt ein wenig Strom ge-habt, sagten sie. Der Daesch versuchte, alle Bewohner der Stadt zu vertreiben, indem sie Strom und Wasser abzapf-ten. »Für uns wird es immer schwerer, in der Stadt zu blei-ben«, erklärte eine der Schwestern frustriert.

Nezars Vater saß im Schneidersitz da, rauchte Schischa und sagte wenig, auch wenn ich ihm anmerken konnte, dass er aufmerksam zuhörte.

»Warum seid ihr Moslems?«, fragte ich Nezar, als er sich eine Zigarette anzündete.

»Mein Ururgroßvater war Jeside. Wir haben Anfang des zwanzigsten Jahrhunderts nicht weit von Sindschar ge-lebt«, erklärte er. »Die christlichen Armenier flohen vor den Ottomanen, die ihr Gebiet wollten, nach Westen. Die Jesiden gewährten einigen Menschen Unterschlupf, die vor dem Genozid ihres Volkes flüchteten. Das hatte zur Folge, dass auch wir zur Zielscheibe wurden. Manche Jesiden, mein Ururgroßvater eingeschlossen, konvertierten zum Is-lam, um nicht getötet zu werden. Meine Mutter und mein

Vater wollten unbedingt wieder unter den Jesiden im Irak leben. Sie versuchten sogar, vor meiner Geburt nach Sindschar zurückzukehren, aber weil sie Moslems geworden waren, wiesen die jesidischen Ältesten sie ab. Ich meine, wir konnten zwar dort leben, doch wir waren nicht mehr in der jesidischen Gemeinde willkommen. Meine Eltern haben mir beigebracht, Shingali zu sprechen und jesidische Traditionen zu respektieren. Aber das ist alles.«

Mir wurde schwer ums Herz. Al-Amriki hatte recht. Genau wie Nezars Familie würde man auch mich nicht wieder aufnehmen. »Aber man hat deinen Ururgroßvater gezwungen, zu konvertieren. Er hatte keine andere Wahl!«

Nezar seufzte. »Ich erzähle dir das, weil jetzt vieles anders ist«, erwiderte er. »Wenn dieser jüngste Völkermord irgendetwas Gutes an sich hat, dann, dass die Jesiden gezwungen sind, einiges anders zu machen.«

Nezar nahm sein Telefon und tippte eine Nummer. »Hier«, sagte er und reichte mir das Handy. »Jemand möchte mit dir sprechen.«

Majidas Stimme erblühte wie eine Rose am anderen Ende der Leitung. Wir brachen beide in Tränen aus. »Wir warten auf dich in Kurdistan«, erklärte sie mit zitternder Stimme. »Ich bin hier mit Khudher.« Die Leitung knisterte und dann hörte ich die Stimme meines Bruders Khudher.

»Badeeah, bist du in Sicherheit?«

»Ja«, antwortete ich. Mein Herz schlug höher. Es war, als würde endlich eine Sonne über mir scheinen. »Eivan auch«, sagte ich. »Wir sind am Leben und zusammen.«

Als Majida wieder am Telefon war, wandte ich den Kopf von Nezar und seinem Vater ab. Ich wollte nicht, dass sie mithörten. »Majida, man hat mir gesagt, dass jesidische Männer ...« Ich konnte den Satz nicht zu Ende sprechen. »Darf ich zurück? Es ist etwas mit mir geschehen.« Meine Worte purzelten wild durcheinander heraus, und Majida bat mich, zu wiederholen, was ich gesagt hatte.

Ich schluckte um den Kloß in meinem Hals herum. »Ich habe gehört, dass, wenn sie ein Mädchen ... du weißt schon ...« Ich konnte es nicht aussprechen.

Majida beruhigte mich. »Badeeah, nein. Baba Sheikh und der *jevata rohani* haben eine tausend Jahre alte Zeremonie wiederbelebt, um Mädchen und Frauen, die vom Daesch entführt wurden, zu reinigen und wieder in die Gemeinschaft aufzunehmen. Wir alle wollen, dass du zurückkommst. Jeder von uns, auch die Ältesten, die überlebt haben.«

Ich schloss die Augen und dachte an den *jevata rohani*, den höchsten geistlichen Rat des jesidischen Glaubens. Jetzt war ich wirklich glücklich.

Dann wurde mir bewusst, dass Majida etwas Seltsames gesagt hatte: »Was meinst du mit *überlebt*?«, fragte ich. »Wer ist nicht bei euch?«

Am anderen Ende der Leitung wurde es still.

»Majida«, flehte ich.

»Badeeah, komm einfach sicher hier an, und dann reden wir weiter.«

»Jetzt«, sagte ich mit lauter Stimme. »Ich muss alles wissen.«

Majida räusperte sich, dann erklärte sie, dass, als der Daesch uns in Solagh getrennt hatte, sie zusammen mit Hadil und den meisten unverheirateten Mädchen von Kodscho nach Mossul gebracht worden war. Der Daesch hatte versucht, Majida auf einem Markt zu verkaufen. Als niemand sie kaufte, karrte der Daesch sie durch die Gegend, wobei sie unterwegs in Dörfern anhielten, auch in Kodscho. Während der Daesch dort die Häuser plünderte, die wir zurückgelassen hatten, schlich Majida aus dem Bus und versteckte sich tagelang in einem Küchenschrank, bevor sie den Mut aufbrachte, in die Berge zu gehen.

»Auf die Idee, mich zu verstecken, hat mich ein Gespräch zwischen dir und Eivan gebracht«, sagte sie. »Es tut mir leid, dass ich damals nicht zugehört habe. Aber, Badeeah, wenn du und Eivan euch an dem Tag, als der Daesch auftauchte, versteckt hättet, hätten sie euch gefunden. Alle, die im Dorf geblieben waren, haben sie getötet.«

Wir weinten beide, und schließlich sagte Majida, wovor ich mich am meisten fürchtete: Fallah, Adil, Hadil, Hassan,

Adlan, zwei weitere meiner Brüder und eine ältere Schwester waren noch vermisst. Ich umklammerte das Handy und weinte.

Nezar weckte uns vor Morgengrauen. Navine und Eivan zogen frische Kleidung an, nur ich weigerte mich.

Ich wollte mich nicht von dem Kleid trennen, das ich anhatte, als ich Kodscho verließ, oder dem Pullover, den ich mit *dake* gestrickt hatte. Dafür nahm ich einen zusätzlichen Pulli an sowie neue Stiefel. Sie gaben Navine und mir auch neue Niqabs.

Nezar erklärte, dass er uns mit dem Bus in die Türkei begleiten würde. Er zeigte uns syrische Ausweise, die seinen Schwestern gehörten. Wenn man an Checkpoints danach fragen sollte, würden Navine und ich sie als unsere Ausweise ausgeben. Für Eivan hatte Nezar einen falschen syrischen Pass gekauft.

Es war neun Uhr morgens, als der Bus nicht weit von Nezars Wohnung anhielt. Zu dritt stiegen wir mit ihm ein und blieben auf Abstand, als er dem Fahrer das Geld für unsere Fahrkarten gab. Zu unserer eigenen Sicherheit verteilten wir uns im ganzen Bus. Nezar zufolge war es besser, so zu tun, als würden wir einander nicht kennen. Denn sollte einer von uns erwischt werden, bestand immer noch die Chance, dass die anderen weiterfahren konnten. Als ich mit Eivan nach hinten in den Bus ging, sah ich, dass viele

Reisende auf ihren Sitzen unter einem Berg von Koffern, Kisten, Taschen und Babys zusammengezwängt waren. Pässe und Reisedokumente spähten aus den Brusttaschen der Dischdaschas und Anzüge der Männer heraus. Alle, selbst die kleinsten Kinder, trugen etwas.

Als sich der Bus langsam aus der Stadt bewegte, schloss ich die Augen. Ich wollte Syrien nicht mehr sehen. Ich wollte nicht an die Zeit zurückdenken, als ich in Bussen umhergefahren wurde, mit benebelten Sinnen kreuz und quer durch die Wüste gleitend, während die Mädchen und Frauen um mich herum als Sklavinnen verkauft wurden.

Bei jedem Kontrollpunkt hielt ich die Luft an, wenn die Bustüren aufflogen. Aber der Daesch stieg nie ein.

Niemand wollte uns kaufen.

Niemand spuckte uns an oder nannte uns *sabaya*.

Erst als wir Qamischli im Nordosten erreichten, überprüften Soldaten unsere Ausweise. Diese Soldaten gehörten jedoch zu einer anderen Armee, ich wusste nicht, zu welcher.

Kurz vor der türkischen Grenze stiegen die meisten Passagiere aus. Ich weckte Eivan und setzte ihn auf den Boden, damit er selbst laufen und wir uns beide die Beine vertreten konnten.

Kiefern und Eichen umgaben uns. Die Luft war frisch.

Wie einige der anderen Flüchtlingsfrauen nahm ich Chimar und Niqab ab, schloss die Augen und streckte mein unverhülltes Gesicht der Sonne zu.

»Wir sind immer noch in Syrien«, hörte ich Nezar nach einer Minute sagen. »Wir müssen von hier aus durch den Wald in die Türkei laufen.«

Ich nickte. Nezar hatte uns gewarnt, dass, sollte man uns auf der syrischen Seite der Grenze erwischen, wir nach Aleppo zurückgeschickt werden könnten. Erwischte man uns in der Türkei, könnten wir im Gefängnis landen. Aber Hunderttausende Syrer strömten auf der Flucht vor dem Krieg in die Türkei, und das Land hatte davor gewarnt, dass es nicht alle Flüchtlinge aufnehmen könnte.

Einige unserer Mitreisenden marschierten bereits in den Wald, um den gefährlichen Grenzübergang zu wagen. Ein leichter Nieselregen hatte eingesetzt, der unsere Kleider durchnässte und mich frösteln ließ.

»Folgt mir«, sagte Nezar und nahm Eivans Hand. »Ich führe euch zum Übergang. Wenn ich ›Los‹ sage, müssen wir rennen.«

Unter meinen Füßen knackten tote Zweige und dünne Eispfützen. Der sanfte Regen wurde schon bald zu einem heftigen Schauer.

Der Pfad durch die Bäume war übersät mit weggeworfenen Kleidern, Kisten, Büchern, Möbeln und sogar Küchengeräten. Ich beobachtete, wie einer nach dem anderen alles nicht unbedingt Notwendige aus seinen Händen gleiten ließ. Als wir an einer Puppe vorbeikamen mit pinkfarbener Plastikhaut, zerzaustem Haar und kohlrabenschwarzen Augen, verlangsamte ich meinen Schritt.

Beim Grenzübergang übernahm einer der älteren Flüchtlinge das Kommando und ließ immer nur ein paar Leute auf einmal die Grenze überqueren. Wenn wir es alle gleichzeitig versuchten, könnte der Lärm die Grenzsoldaten auf beiden Seiten auf den Plan rufen.

Kleine Kinder mussten getragen werden, und alle mussten so schnell rennen, wie sie konnten.

»Hast du das schon mal gemacht?«, fragte ich Nezar nervös.

»Schon viel zu oft«, erwiderte er.

Wir kauerten uns vom Regen durchnässt aneinander und warteten darauf, dass wir an der Reihe waren.

»Los«, forderte uns der Mann, der das Sagen hatte, schließlich auf.

Mit Eivans Armen um meinen Hals rannte ich los.

Die Erde unter meinen Füßen war glitschig. Ich stürmte den Abhang hinunter und verlor zwischen den Bäumen Navine und Nezar aus den Augen. Ich rannte so schnell, dass ich meine Beine nicht mehr unter Kontrolle hatte, doch es war zu gefährlich, stehen zu bleiben.

Mit dem Fuß blieb ich an einer Wurzel hängen, die unter totem Laub verborgen lag. Ohne Eivan loszulassen, drehte ich mich in der Luft, landete mit einem dumpfen Knall auf dem Boden und schlitterte weiter, bis ich mit dem Kopf an einen Stein stieß.

Nezar rannte keuchend an meine Seite und half Eivan und dann mir auf. Mir war schwindlig, aber Nezar nahm Eivan in die Arme und befahl mir weiterzurennen. Ich tat, was er sagte, und zwang meine Beine, mit Nezar mitzuhalten.

Als wir die andere Seite des Waldes erreichten, preschten wir weiter den Weg entlang. Meine Brust schmerzte und der Schmerz verschleierte meine Sicht.

Die Türen eines wartenden Lasters flogen auf. Zwei Männer, die wie Jesiden gekleidet waren, stiegen aus und winkten uns zu, dass wir uns beeilen sollten. Nezar reichte Eivan einem der Männer. Als ich sie eingeholt hatte, wurde ich auf den Rücksitz gerissen.

Der Laster schlingerte nach vorne und ich verlor das Bewusstsein.

Als ich wieder zu mir kam, stellte ich fest, dass ich auf einem Sofa in einer kleinen Wohnung lag. Nezar kniete über mir und legte mir eine kalte Kompresse auf den pochenden Kopf. Ich hob die Hand und spürte eine Beule, die so groß wie ein Entenei war.

Ich versuchte, mich aufzusetzen, doch Nezar drückte mich wieder sanft nach unten und erklärte, dass wir zu

Hause bei seiner Tante und seinem Onkel seien. »Wir sind hier in Sicherheit. Ruh dich aus.«

»Wo ist Eivan?«

»Im anderen Zimmer, er schläft neben dem Kamin«, antwortete er.

Nezars Tante scheuchte ihn aus dem Raum und half mir, Wasser durch einen Strohhalm zu trinken. Sie redete mir gut zu, ein wenig Naan zu essen. Ich bräuchte die Energie, beharrte sie. Aber ich konnte nicht.

Ich legte mich wieder hin und schloss die Augen, während ich der Unterhaltung zwischen Nezar und seinen Verwandten lauschte. Das Haus seines Onkels und seiner Tante war klein und spärlich eingerichtet. Eine freundliche Person in ihrem türkischen Dorf hatte es ihnen zur Verfügung gestellt, hörte ich Nezar Navine erzählen. Wie so viele andere hatte der syrische Bürgerkrieg Nezars Verwandte gezwungen, ihre Arbeit und ihr Leben aufzugeben und mit so gut wie nichts zu fliehen.

Ich döste wieder ein. Als ich das nächste Mal aufwachte, schlief Navine neben mir. Im anderen Zimmer sprach Nezar immer noch mit seinem Onkel und sagte ihm, dass er am Morgen nach Aleppo zurückkehren würde. Erschöpft raffte ich mich auf und gesellte mich zu ihnen.

Nezar lächelte, als er mich sah.

Nezars Onkel rief seiner Frau zu, sie solle uns Tee und etwas zu essen bringen.

Morgen früh würde Nezar nach Aleppo zurückkehren, um ein weiteres Jesidenmädchen zu retten, hatte ich ihn sagen hören.

»Ist diese Arbeit für dich wirklich sicher?«, fragte ich ihn.

Er sah weg und schüttelte den Kopf.

»Warum tust du es dann?«

Er zuckte mit den Schultern. »Ich hatte früher einen Laden in Manbidsch. Dann kam der Daesch, und meine Familie stand vor der Wahl: Bleiben oder gehen? Einige von uns entschieden sich, zu bleiben und auf unsere Art zu kämpfen, indem wir Jesiden retten und Menschen bei der Flucht helfen. Das Böse in der Welt kann nicht durch den Hass zerstört werden, der es erschaffen hat. Jeder Mensch ist eine Schwester oder ein Bruder. Wenn wir das wirklich glauben, sind wir frei.«

Nezars Onkel stocherte im Kaminfeuer und warf Anzündholz dazu, um das Feuer anzufachen. Nezars Tante brachte ein Tablett mit Tee, Keksen, Obst, Honig und Brot ins Zimmer, während die Falten ihres langen Rocks über den Boden fegten, so wie ich es bei Adlan so oft beobachtet hatte.

Eivan wachte auf und rief nach mir. Ich ging leise hinüber und zog ihn in meine Arme.

Navine, die jetzt auch wach war, kam in den Raum und gesellte sich zu uns.

»Ich habe gute Nachrichten«, sagte Nezar, als Navine sich hinsetzte. »Eivans Mutter ist am Leben und in einem Flüchtlingslager. Sie sehnt sich bestimmt nach ihrem Sohn.«

Navine drehte sich zu mir. »Badeeah, was erzählt Nezar da? Eivan ... ist nicht dein Sohn?«

Ich schüttelte den Kopf. Mir wurde bewusst, dass ich es ihr nie gesagt hatte. »Ich bin bloß ein unverheiratetes Mädchen«, erwiderte ich.

»Wer ist er dann?«, fragte sie mit überraschter Miene.

»Mein Neffe. Ich bin noch ein Teenager. Ein Mädchen«, wiederholte ich, während sich meine Augen mit Tränen füllten. Zumindest war ich eins gewesen, bevor ich al-Amriki traf. Zum hundertsten Mal seit meiner Entführung aus Kodscho dachte ich an Nafaa.

»Aber du hast alles für Eivan riskiert!«, entfuhr es Navine.

Nezar lächelte mich an. »Jetzt weißt du, warum ich tue, was ich tue. Das Leben beginnt erst dann richtig, wenn wir anfangen, für andere zu leben.«

Die anderen waren zu Bett gegangen, aber ich konnte nicht einschlafen.

Bilder von Kodscho, von den Obstbäumen und dem Garten meiner Großmutter, von meiner Mutter, die kochte, von meinem Vater, der in unserem Gastraum Zigaretten drehte und über Politik redete, von meinen Schuljahren und meinen tanzenden Cousins und Cousinen stiegen als messerscharfe und qualvolle Erinnerungen in mir auf.

Eivan und ich würden nicht nach Hause zurückkehren, so viel wusste ich. Wir würden zu Majida und Khudher in einem Flüchtlingslager in Dohuk, Kurdistan, stoßen. Kodscho war zerstört worden, so hatte ich von Nezar erfahren, und befand sich ohnehin noch immer in der Hand des Daesch.

Kapitel einundzwanzig

Wir fürchten uns nicht vor der Dunkelheit

Am nächsten Morgen war es kalt. Frost überzog die Innenseite der Fensterscheiben. Draußen bedeckte Eis das braune Gras und die Äste der Tannenbäume. Abgesehen von einem bellenden Hund war es im Dorf still, als wir uns von Nezar verabschiedeten. Ein Jeside namens Murad würde uns nach Kurdistan bringen. Er kam in einem alten silbernen Auto, dessen Boden verrostet war. Ich trug wieder mein Kleid und meinen Pulli, die gewaschen worden waren.

Der Tag klarte auf, als der Wagen sich durch die schneebedeckten Berge schlängelte, die die Türkei vom Irak trennten.

Von meinem Sturz tags zuvor tat mir noch immer der Kopf weh. Zur Mittagszeit hatte ich rasende Kopfschmerzen. Aber das machte mir nichts aus. Es bedeutete, dass ich noch am Leben war.

Eivan blieb während der ganzen Fahrt wach. Navine und Murad füllten die Stille mit dem Summen von Volksliedern. Über weite Strecken schwiegen wir alle und fragten uns, was uns als Nächstes bevorstand.

Wir hielten auf der irakischen Seite des Gebirges an, um Tee zu trinken und Brot, Tomaten und Joghurt zu essen. Da ich immer noch keinen Bissen hinunterbekam, entfernte ich mich von den anderen, um ein paar Schritte zu gehen. Der Himmel war klar, die Sonne warm auf meinem Gesicht. Einen Moment lang erfüllte mich ein Gefühl des Friedens. Ich war wieder in meinem eigenen Land: einem Ort, von dem ich gedacht hatte, dass ich ihn nie wiedersehen würde.

Niedergeschlagenheit überfiel uns, als das Auto langsamer wurde und sich in Dohuk, einer Stadt inmitten eines großen Tals neben dem Tigris, in den Verkehr einfädelte.

Ich blickte hinaus auf Kurdistan. Moderne Gebäude ragten neben jahrhundertealten Steingemäuern auf. Dohuk war im Laufe der Jahre nicht nur von Kurden, sondern auch von Juden und Christen bewohnt gewesen. Manche sagten, Dohuk sei ein jesidischer Name. Die Stadt habe viele Konflikte überstanden, erzählte uns Murad. Sogar die Ottomanen hätten einmal Anspruch darauf erhoben.

Außerhalb der Stadt bog Murad mit dem Wagen auf eine Straße ein, die vom Winterregen schlammig war und voller Schlaglöcher.

»Rwanga-Flüchtlingslager«, sagte er leise.

Ich blickte hinaus auf die endlosen Reihen von Containern, die, so erklärte Murad, von der kurdischen Rwanga-Stiftung gekauft worden waren.

Decken waren über Fenster gespannt und dienten als Vorhänge. Wäscheleinen hingen vom Gewicht gefrorener Hemden, Hosen und Kleider durch. Verbeulte Metalltöpfe baumelten von waagrechten Stangen, die über Lagerfeuern balancierten. Müde aussehende Frauen, manche jung, manche alt, saßen da und warteten darauf, dass ihr Fladenbrot Blasen warf.

Das Lager beherberge viele Überlebende aus Kodscho, erzählte uns Murad. In ganz Kurdistan gab es jetzt Lager für syrische und jesidische Flüchtlinge. Ich erschauderte. Auch wenn Rwanga eine Art umgesiedeltes Kodscho war, bettelte dieser Ort förmlich darum, neues Leben eingehaucht zu bekommen.

Während unser Auto langsam durch das Wohnwagenlabyrinth fuhr, hielt ich nach bekannten Gesichtern Ausschau.

Die meisten Erwachsenen, die ich sah, waren Frauen. Ein dunkler Schatten fiel über mich, als mir bewusst wurde, dass die Männer weiterhin vermisst wurden.

Die Kinder wirkten nervös, traumatisiert von allem, was sie durchgemacht hatten, was auch immer es war. Aus der Zeit, als ich in der Arztpraxis ausgeholfen hatte, kannte ich die Anzeichen von Traumatisierung. Sie war wie ein Dämon, der im Innern seiner Opfer brannte. Wir würden alle nie wieder dieselben sein.

Murad parkte den Wagen in der Nähe eines Backsteingebäudes, in dem sich die Büros der Vereinten Nationen befanden. Daneben stand ein Wohnwagen, der zu einer Wanderklinik umgewandelt worden war. »Wir gehen erst hier rein«, erklärte Murad und zeigte darauf.

Warme Luft aus einem Heizgerät wehte über uns, als wir eintraten, sowie der stechende Geruch von Desinfektionsmitteln und Medikamenten.

Eine Frau in schwarzem Mantel und schwarzer Hose, die Haare in einem lockeren, zerzausten Zopf nach hinten gebunden, kam auf uns zu. Ihr Lächeln war breit und einladend.

»Ich bin Sozan«, sagte sie, als sie vor mir stehen blieb. »Ihr kommt aus Aleppo?«

Ich erkannte Sozans abgehackteren und kehligeren kurdischen Dialekt. Shingali ist weich und benutzt auch Wörter aus dem Aramäischen. Ursprünglich sprachen die Jesiden akkadisch. Sozan, das erkannte ich sofort, war keine Jesidin, sondern Kurdin. Aber da unsere Sprachen sich sehr ähneln, konnte ich sie verstehen.

Sozan war fast fünfzehn Zentimeter größer als ich.

»Ich bin Badeeah Hassan Ahmed«, sagte ich.

»Wo kommst du her?«, fragte Sozan.

»Aus Kodscho.«

Ein Mann und noch eine Frau, beide in weißen Arztkitteln, traten aus dem Hinterzimmer.

Der Mann fragte, ob er Eivan untersuchen könne. Ich wollte nicht, dass irgendjemand außer mir ihn anfasste, auch wenn ich wusste, dass er untersucht werden musste. Aber die Bitte um meine Erlaubnis war nur eine Höflichkeitsgeste gewesen. Der Arzt nahm Eivan mit, der darüber nicht glücklich war. Sozan erklärte, dass die Ärzte ihm nicht wehtun würden. »Sie vergewissern sich, dass er gesund ist. Geben ihm Antibiotika gegen Dysenterie und andere Infektionen, an denen er vielleicht leidet.« Ich ließ den Blick über den Wohnwagen schweifen. Ich sah Erste-Hilfe-Taschen, Kisten mit Verbänden und Regale voller Medikamente.

»Badeeah«, fragte Sozan, »was hat man dir von Kodscho erzählt?«

»Nichts«, erwiderte ich kaum hörbar.

Als ich Sozan ansah, musste ich an Majida denken. Meine Schwester hatte uns immer wieder erzählt, dass Kurdinnen mehr Freiheiten genießen würden als jesidische Frauen, vor allem seit der Ankunft der Amerikaner. Sozan sah ungefähr so alt aus wie ich und arbeitete schon im Flüchtlingslager. In einer anderen Zeit, als ich noch Träume hatte, hatte auch ich Leuten helfen wollen.

»Kodscho wurde schwer getroffen«, sagte Sozan leise.

»Von den 1700 Dorfbewohnern sind mehr als zwei Drittel vermisst. Wir hoffen, dass sie nur irgendwo festsitzen und nicht herauskommen können.«

Ich konnte Eivan weinen hören. Eine dunkle Welle schwappte über mich. Ich hörte, wie Sozan sagte, dass jemand Majida und Khudher holte.

Auf einmal hatte ich das Gefühl, nicht mehr im Raum zu sein.

Ich hob die rechte Hand. Starrte sie an. Ich wusste, es war meine. Ich konnte durch meine blasse Haut die winzigen blauen Venen in meinem Handgelenk ausmachen. Aber nichts schien real.

Ich höre das Schlurfen von Füßen. Hände berühren mich und führen mich zu einem Feldbett. Man fordert mich auf, mich hinzulegen. Jemand bindet die Schnürsenkel meiner Stiefel auf. Meine Socken werden abgezogen. Meine Füße sind geschwollen, höre ich jemanden sagen, und Blasen platzen auf. Mein Körper zuckt von dem brennenden Anästhetikum. Ich höre, wie Plastikbandagen auseinandergerissen werden.

Meine Strickjacke wird aufgeknöpft. Ich spüre das kühle Metall eines Stethoskops, das sich über meine Brust bewegt.

Meine Augenlider werden auseinandergezogen. Mit einem Licht wird in sie hineingeleuchtet.

»Öffne bitte den Mund«, sagt jemand. Ein flacher Holzstab wird auf meine Zunge gelegt. Ich sage: »Aaah.«

»*Ich wurde dort unten berührt*«, *höre ich mich sagen.*

»*Morgen*«, *sagt die Ärztin.* »*In Dohuk ist eine Ärztin, die dich vollständig untersuchen wird, aber erst morgen oder übermorgen.*«

Al-Amriki, *denke ich immer wieder.* Wo ist er? Wird er kommen und mich holen?

Und dann fiel mir al-Amrikis Handy ein. Ich setzte mich abrupt auf. Die Ärztin streckte die Hand aus, um mich wieder nach unten zu drücken, aber ich sprang so schnell von dem Feldbett, dass sie mich nicht aufhalten konnte. Im Außenraum traf ich auf Murad. »Ich habe etwas«, sagte ich mit heiserer Stimme zu ihm.

Hastig zog ich das Handy aus meiner Tasche.

»In Aleppo konnte ich nicht herausfinden, wie man es bedient«, erklärte ich und drückte das Telefon in Murads Hand. »Es ist seins, von dem Mann, der uns gefangen gehalten hat. Er hatte auch noch andere Handys. Bring es den Peschmerga oder den Amerikanern, wer auch immer uns hilft. Sag ihnen, dass sie den Mann, dessen Gefangene ich war, den Scheich von Aleppo genannt haben. Er war ein Emir.«

Khudher und Majida kamen beim Wohnwagen an, gerade als Murad das Handy in seine Tasche steckte. Mein Bruder und meine Schwester stürmten auf mich zu. Gegenseitig tränkten wir unsere Haare und Wangen mit unseren

Tränen. Wir berührten unsere Gesichter und Schultern, um uns zu vergewissern, dass wir wirklich da waren, dass wir nicht mehr träumten. Wir weinten auch für alle Mitglieder unserer Familie, die nicht bei uns waren.

Khudher und Majida sprachen wie ein Team, überglücklich, dass sie wieder mit mir vereint waren und eine Zuhörerin hatten. Unsere verheirateten älteren Schwestern, die vor dem Daesch hatten fliehen können, lebten in anderen Flüchtlingslagern mit den Familien ihrer Ehemänner.

Navines Onkel war angekommen, um sie zu einem Lager zu bringen, in dem Überlebende ihres Dorfes untergebracht waren. Es kam mir seltsam vor, von ihr getrennt zu sein. Wir waren so lange ein Herz und eine Seele gewesen, dass ich das Gefühl hatte, ein Teil von mir würde weggerissen, als ich sie fortgehen sah. Während ich dem Fahrzeug mit Navine und ihrem Onkel nachblickte, das langsam aus dem Lager fuhr, hörte ich Sozan sagen, dass Eivan bei uns bleiben würde, bis seine Mutter Samira eine Möglichkeit fand, unser Lager aufzusuchen.

Majida redete bereitwillig darüber, was ihr widerfahren war. Khudher hingegen wurde sehr ernst, als ich ihn danach fragte. »Ich bin nach Kurdistan gelaufen«, war alles, was er sagte. »Ich bin hierhergelaufen.«

Der Wohnwagen, den man Majida und Khudher gegeben hatte, war klein. Ein abgewetzter kurdischer Teppich, den Majida auf einem Gebrauchtwarenmarkt in Dohuk gekauft hatte, bedeckte einen Teil des Bodens. Im Wohnwagen gab es einen kleinen Gaskocher und einen winzigen Kühlschrank. Es gab auch eine Dusche, aber das Wasser war kalt, wenn es überhaupt welches gab. Töpfe, Geschirr, Kochgeräte, Kleidung und Bettzeug seien Spenden und zusätzlich hätten sie noch Sachen gebraucht in Dohuk gekauft, erzählte mir Majida. Alles, was wir in Kodscho besessen hatten, war immer noch in Kodscho oder in den Händen des Daesch.

Einmal im Monat teilte die Wohltätigkeitsorganisation Khalsa Aid Zucker, Pflanzenöl, Reis und Tomatenpaste an alle Haushalte im Lager aus. Die Jesiden vor Ort hatten auch schon Geschäfte eröffnet, weil ihnen klar war, dass sie nicht so bald nach Kodscho zurückkehren würden. Bei ihrer Ankunft im Lager, sagte Majida, hätte es nichts gegeben. Jetzt war die Straße, die zum Lager führte, von Geschäften gesäumt, die Kleider und Handys verkauften, sowie von Gemüse- und Obstläden, Bäckereien, Metzgereien und sogar einem Süßigkeitenladen. Mein Herz schlug schneller bei dem Gedanken, dass es Nafaas sein könnte. Aber selbst wenn es seiner war, würde er mich nicht wollen. Nicht mehr.

Khudher hatte die Rente meines Vaters beantragt, die ihm als Abgeordneter der Demokratischen Partei Kurdistans zustand. Mit dem Geld kaufte Majida Lebensmittel, die Khalsa Aid nicht zur Verfügung stellte. Was übrig blieb, sparten die beiden, in der Hoffnung, dass der Rest unserer Familie ihren Weg zu uns finden würde.

An meinem ersten Abend im Lager, noch bevor ich mich überhaupt eingewöhnen konnte, waren Besucher aus Kodscho in unseren Wohnwagen geströmt, um mich willkommen zu heißen. Frauen weinten und umarmten mich. Als ich ihre Tränen auf mir spürte, öffneten sich in mir alle Schleusen und setzten die verschiedensten Emotionen frei: Freude darüber, dass ich mit einem Teil meiner Familie wiedervereint war, Angst davor, dass man mich wieder gefangen nehmen würde, und eine tiefe und schmerzhafte Traurigkeit, dass so viele Jesiden aus Kodscho weiterhin vermisst waren. Und immer lauerte die Scham dessen, was mir widerfahren war, unter der Oberfläche. Mir fiel auf, dass ich andere Menschen nicht mehr so ansehen konnte wie früher. Wenn mein Blick dem einer anderen Person begegnete, wurde ich rot und sah schnell weg, als wären alle meine Geheimnisse ans Tageslicht gekommen. Auch wenn man mir das Gegenteil versicherte, befürchtete ein Teil von mir, dass man mich wegschicken würde, sobald irgendjemand herausfand, was al-Amriki mir angetan hatte.

Eivans Mutter Samira traf ein paar Tage später ein. Sie hatte sich der Gefangennahme entzogen, indem sie sich in den Bergen versteckte, so wie sie es Fallah angekündigt hatte.

Jetzt lebte sie mit Verwandten und Bewohnern aus ihrem Dorf Tel Benat in einem Flüchtlingslager.

Sie stürmte in den Wohnwagen und streckte sofort die Arme nach Eivan aus. Aber er klammerte sich an mir fest und versteckte sich hinter meinem Rock. Samira wich wie vor den Kopf gestoßen zurück. Ihr einziges Kind nannte mich immer noch Mama.

Der Arzt, der Eivan untersucht hatte, sagte, dass er unter einer posttraumatischen Belastungsstörung leiden würde. Es könne Monate dauern, bis er wieder ganz gesund wurde, vielleicht länger, erklärte der Arzt, weil die wenigen Psychologen im Lager überfordert und noch für Tausende Flüchtlinge in anderen Lagern zuständig seien. Fast jeder hatte einen großen Verlust erfahren. Man riet Samira, aus deren Miene tiefe Traurigkeit sprach, Eivan noch ein paar Wochen bei mir zu lassen.

Ich machte mir auch Sorgen um Khudher. Majida hatte mir ein Foto von ihm gezeigt, als er im Lager ankam – mit nacktem Oberkörper und blutigen Verbänden um die Schultern. Er behauptete, er wäre beim Marsch durch die Berge hingefallen. Aber ich glaubte ihm nicht. Je mehr Zeit ich mit meinem Bruder verbrachte, umso mehr fiel mir auf, wie verbittert er geworden war. Er stand den Armeen, die gegen den Daesch kämpften, kritisch gegenüber, weil sie seiner Meinung nach nicht genug unternahmen. »Der Daesch hat uns unsere Ehre genommen«, schimpfte er.

»Er hat viele Jesiden umgebracht, unsere Häuser gestohlen. Wir sind jetzt in Kurdistan, aber die Peschmerga haben uns nicht beschützt. Unsere arabischen Nachbarn haben uns verraten. Niemand hilft uns, nicht einmal Amerika.«

Ein Monat verging, und die Ärzte kamen zu dem Schluss, dass Eivan und Samira endlich zusammen sein mussten. Eivan schrie, als seine Mutter an seinem Handgelenk zog, und klammerte sich noch fester an mich. Ich drückte mein Gesicht in sein Haar und konnte nur mit Mühe meine Tränen zurückhalten. Ein paar Minuten lang saßen wir so da, bis ich irgendwann seine Schreie nicht mehr ertrug.

»Eivan«, sagte ich. »Ich will dir eine Geschichte erzählen. Und du musst genau zuhören.«

Überrascht hörte Eivan auf, sich zu winden, und sah mich fest an.

»An dem Tag, als meine Großmutter starb, wurde ich sehr krank«, begann ich. Während ich sprach, ging mir die Beerdigung von *dake* durch den Kopf: die klagenden, schwarz gekleideten Frauen und alle Trauernden. »Im Laufe des Tages stieg mein Fieber immer weiter an. Ich bekam einen Ausschlag und fing an, merkwürdige Dinge zu sehen.«

Ich spürte, wie Eivans Körper zitterte. »Fallah, dein Vater, war so um mich besorgt, dass er sich beim Polizeidienst krankmeldete, mich in seinen Pick-up setzte und ins

Krankenhaus nach Sindschar fuhr. Ich blieb dort mehrere Tage lang. Niemand kam dahinter, was mir fehlte.« Meine Stimme verlor sich, als ich mich daran erinnerte, wie Fallah den Flur vor meinem Zimmer auf und ab ging. »Ich hörte ihn weinen, als die Ärzte ihm mitteilten, dass sie mein Fieber nicht senken könnten. Er dachte, ich würde sterben.«

»Von dem Moment an kämpfte ich mich zurück ins Leben«, erzählte ich Eivan. »Ich wusste, dass ich es für ihn tun musste.«

Eivan schwieg weiter, aber ich wusste, dass er genau zuhörte.

»Nachdem Fallah von der irakischen Armee zurückgekehrt war«, fuhr ich fort, »hatte er einen Teil seiner selbst verloren. Aber nach und nach beobachtete ich, wie er wieder zum alten Fallah wurde – das Funkeln in seinen Augen und die Wärme, die aus seinem großen, freundlichen Herzen in alle Richtungen strahlte, kehrten zurück. Du und deine Mutter wart das Licht, das ihm geholfen hat, seinen Weg nach Hause zu finden. Eivan, du musst jetzt deiner Mutter folgen, weil dein Vater an einem dunklen Ort ist, so wie wir es gewesen sind. Verstehst du?«

»Wie Mir Meh?«, fragte er schließlich, während er den Griff um meinen Hals lockerte. »Als er hinunter auf die Erde gegangen ist und Falak vergessen hat?«

»Ja«, antwortete ich. »Du musst deiner Mutter dabei

helfen, eure Herzen hell aufstrahlen zu lassen, damit Fallah den Weg zurück zu euch finden kann.«

Ich wollte, dass Eivan bei mir blieb. Genau wie bei der Trennung von Navine hatte ich das Gefühl, dass ein Teil von mir weggerissen wurde. Aber ich musste ihn seiner Mutter zurückgeben.

Nach einer Minute kletterte Eivan von meinem Schoß. Als er vor mir stand, bat er mich, die Hände auszustrecken. Ich fing an, sie zu verschränken, weil ich dachte, wir würden das Fingerspiel spielen. »Nein, öffne die Handflächen«, sagte er. »Schließ die Augen.«

Ich spürte, wie das kleine Spielzeugtaxi in meine Hand gelegt wurde.

Als ich die Augen wieder aufschlug, sah ich, wie Eivan langsam zu Samira ging, die ihn in die Arme nahm und mit Küssen übersäte.

Kapitel zweiundzwanzig

Rückkehr zur Liebe

Ich hatte mich geweigert, nach Dohuk zu gehen, um mich dort von der Ärztin untersuchen zu lassen, und fand eine Ausrede nach der anderen, wenn Sozan kam. Ich wusch mich auch nicht. Das Wasser im Wohnwagen sei zu kalt, behauptete ich. Ich würde auf warmes Wasser warten. Oft hielt ich mir den Bauch und klagte, dass ich mich unwohl fühlen würde.

Jeden Tag gingen Khudher und Majida außer Haus, oftmals gleich nachdem sie aufgestanden waren, um Lebensmittel zu besorgen und im Lager auszuhelfen: Verletzte verbinden, Vorräte verteilen, die die internationale Gemeinde geschickt hatte, oder mit dem Personal und anderen Flüchtlingen darüber reden, wie man die Menschen wiederfinden könnte, die immer noch in der Gewalt des Daesch waren.

Ich war froh, wenn sie weg waren, weil mich dann niemand bedrängte, aufzustehen; andererseits fand ich die Stille furchterregend. Ich saß stundenlang mit angezogenen Beinen auf dem kurdischen Teppich mit einer Wolldecke voller Mottenlöcher um die Schultern. Ich dachte an Navine und fragte mich, wie sie sich an ihr neues Leben gewöhnte. Aber meistens dachte ich an überhaupt nichts. Mich an meine Familie und mein früheres Leben zu erinnern, war zu schmerzhaft.

Ich wartete darauf, dass man mich zu al-Amriki zurückschicken und mich erneut gefangen nehmen würde. Ich bereitete mich darauf vor, Schüsse zu hören. Bei jedem Hundebellen, jeder gehobenen Stimme oder jedem Knistern des Feuers packte mich die Angst, dass der Daesch ins Lager eingedrungen war. Wenn ich wach war, schien es mir, als würde ich ununterbrochen das Tropfen eines undichten Duschkopfs hören, als wäre ich wieder in Aleppo. Und ich hasste meinen Körper. Jedes Mal, wenn ich aufstand und herumlief, spürte ich Schmerz und Scham und hatte das Gefühl, dass man über mich richten würde.

Von Zeit zu Zeit setzte sich Sozan zu mir. Sie sprach mit sanfter Stimme, und ich bemühte mich, ihr zuzuhören, aber irgendwann war es nur noch weißes Rauschen.

Ich sehnte mich danach, meine Mutter zu sehen, doch ihre Stimme, die mich in Rakka geleitet hatte, war verschwunden. Ich saß mitten im Winter in einem Wohnwagen in einem dunklen, nasskalten Flüchtlingslager fest.

Eines Abends redeten Majida und ich auf Anregung Sozans hin über Mayan Khatun und darüber, dass zu der Zeit, als sie 1913 zur Amira oder Prinzessin der Jesiden wurde, jedoch mit den Verpflichtungen einer Königin, die Jesidinnen unterdrückt waren. Damals war es Frauen verboten, eigene Entscheidungen zu treffen, sowohl im öffentlichen Leben als auch zu Hause. Mayan Khatun war von Männern umgeben, die zuerst nicht auf sie hören wollten. Aber sie befasste sich intensiv mit dem Thema Unterdrückung und vor allem mit ihren Ursachen. Sie erkannte, dass Hass nur noch mehr Hass und Angst nur noch mehr Angst hervorbrachte, und nutzte ihre Beobachtungen, um die Jesiden zu stärken. Sie war die erste Frau, die vor den Männern des *jevata rohani*, des Hohen Rats der Jesiden, eine Rede hielt. Trotz Ablehnung und Spott machte sie unermüdlich weiter, bis die Jesiden schließlich begriffen, dass sie recht hatte. Männliche und weibliche Prinzipien mussten sich ausgleichen. Familien mussten stark sein. Menschen mussten ihr Leben nicht auf Angst oder Wut, sondern auf Liebe und Respekt aufbauen. Mayan Khatun wurde zur Stimme der Revolution des jesidischen Volkes, in der man der weiblichen Energie Khatuna Fakhra erlaubte, sich zu erheben und die Gesellschaft ins Gleichgewicht zu bringen.

Majida nahm meine Hände in ihre. »Wir erleben jetzt eine ähnliche Revolution«, sagte sie. »Alle, die vom

Daesch gefangen genommen wurden, haben das Böse in seiner reinsten Form erlebt. Weißt du, dass Baba Sheikh, als er sich an unsere Ältesten wandte, gesagt hat, dass der Genozid, den der Daesch an uns verübt, die bisher größte Prüfung für die Jesiden ist, weil wir lernen müssen, nicht zu hassen? Das ist unsere Chance, dem Universum zu zeigen, dass wir gute Menschen sind. Badeeah, ich weiß, dass es wehtut. Ich weiß, dass ein unbändiger Zorn in dir wütet. Ich empfinde genauso. Aber der erste Schritt zur Heilung besteht darin, diesen Zorn ans Tageslicht zu bringen.«

»Du musst dich duschen«, sagte Sozan eines Tages zu mir. Ihre Stimme war streng. Eine andere Frau begleitete sie, eine jesidische Sozialarbeiterin namens Sara, die für die Wohltätigkeitsorganisation WADI arbeitete.

»Bald ist Roter Mittwoch«, fuhr Sozan fort. »Wir werden in den Lagern Neujahr feiern.«

Als ich das Wort feiern hörte, musste ich an die Hochzeit von Benyan und Nazma denken. Nafaa und ich hatten uns zum Tanzen beieinander eingehakt. Nafaa, der weiterhin vermisst war, genau wie Hassan, Fallah, Adil, Hadil, Adlan ... Sie alle waren auf der Hochzeit gewesen. Die Luft war erfüllt von Gelächter und Gesprächen, unserer Musik und unseren Träumen.

Mein Magen zog sich zusammen. Eine tief in mir vergrabene Wut fing an, aufzusteigen. Wie ein Dämon erhob sie sich und ermächtigte sich meines Körpers.

Ich sprang knurrend auf die Füße und hob die Faust, um Sozan zu schlagen.

Doch statt sich zu ducken, hielt sie einfach ein Kissen hoch. »Schlag zu, trete zu, egal was ... Lass es nur endlich heraus«, ermutigte sie mich.

Ich wandte den Blick ab, weil ich nicht wusste, was ich tun sollte.

»Badeeah, wir müssen jetzt deine Heilung voranbringen«, sagte Sara mit sanfter Stimme. »Es wird Zeit, dass du wieder zu den Lebenden zurückkehrst.«

Das *Tropf, tropf, tropf* von al-Amrikis Dusche füllte meinen Kopf. Ich hielt mir die Ohren zu, um es auszublenden.

Plötzlich stürmte alles wieder auf mich ein. Jeder Schlag, jeder Bluterguss, jede Beleidigung aus al-Amrikis Mund.

»Bitte lasst mich in Ruhe«, wies ich Sozan und Sara ab. Meine Stimme schien von sehr weit weg zu kommen.

Sara schüttelte den Kopf. »Nein«, gab sie zurück. »Wir müssen uns vergewissern, dass es dir gut geht.«

Ich konnte die beiden nicht mehr ertragen. Meine Geduld war am Ende. Ich rannte auf die Tür des Wohnwagens zu.

Als Sozan sich vor mich hinstellte, gab ich einen durchdringenden Schrei von mir. Ich fing an, mich mit geschlossenen Augen im Kreis zu drehen, während ich mir Arme und Beine zerkratzte. Ich wollte das Böse in mir vertreiben.

»Lass es raus«, sagte Sozan. »Renn nicht vor dem, was in dir ist, davon. Bring es ans Licht.«

Schließlich brach ich schluchzend auf dem Boden zusammen. »Ich verfluche dich, al-Amriki«, schrie ich. »Du bist derjenige, der keinen wahren Glauben hat, nicht ich.«

Nach ein paar Minuten konnte ich mich atmen hören. Aber das tropfende Geräusch war weg. Ich hörte den undichten Duschkopf nicht mehr.

Ich setzte mich auf und zog die Knie an die Brust. »Der Mann, der mich gefangen gehalten hat, meinte, dass mich die jesidischen Männer für das, was er mir angetan hat, hassen würden. Er sagte, man würde mich nicht wieder aufnehmen.«

Sara ergriff meine Hand. »Baba Sheikh heißt die Rückkehr aller willkommen. Für uns Frauen und Mädchen hat er ein tausendjähriges Gebet wiederbelebt, um unser Leid zu lindern. Du bist jetzt in Sicherheit, Badeeah. Unser Volk verurteilt dich nicht für das, was du durchgemacht hast. Du bist nicht das, was deine Entführer für dich bestimmt haben.«

»Aber ich bin seine Frau geworden. Er hat mich dazu gebracht, Muslimin zu werden.« Ich stieß die Worte heraus, als würden sie tief in meiner Kehle festsitzen. Meine Augen füllten sich mit Tränen, als ich an Nafaa dachte.

»Eigentlich wollte ich irgendwann einmal jemand anderen heiraten, nachdem ich mit der Schule fertig bin.«

»Badeeah«, sagte Sozan. »Es ist ein Kriegsverbrechen, keine Liebe. Keine Ehe. Und er hat dich gezwungen, zum Islam überzutreten, mach dir deswegen also keine Sorgen mehr. Deine geistlichen Führer haben bereits bestätigt, dass du und die anderen nichts falsch gemacht habt.«

Im Bad zog ich meinen Pulli aus und faltete ihn ordentlich zusammen. Als Nächstes waren mein Kleid, meine Hose und schließlich meine Unterwäsche dran. Ich legte ein weißes Handtuch aus, bevor ich mich unter das fließende Wasser stellte. Es war endlich warm. Die Seife in meiner Hand duftete nach Vanille.

Kapitel dreiundzwanzig

Geben

Wir feierten Neujahr im Wohnwagen und aßen *dolma* und *kubbeh*, die Majida, Samira und ich gemeinsam zubereitet hatten. Zum ersten Mal seit sehr langer Zeit hatte ich Spaß daran, Zutaten zu kaufen und zu kochen. Während wir das Essen machten, erzählte Majida von dem jesidischen Frauen-Bataillon, das Khatoon Khider kommandierte. Eine der ersten Frauen, die öffentlich jesidische Musik aufführte, hatte eine kleine Armee gebildet, um den Daesch zu bekämpfen und jesidische Mädchen und Frauen zu retten. »Auch wenn Mayan Khatun nicht mehr unter uns ist, können wir alle wie sie sein«, erklärte Majida. »So wie sie können auch wir eine Revolution anführen und diesmal dafür sorgen, dass unsere Stimmen gehört werden, damit Frauen und Mädchen nicht wieder in einen Teufelskreis der Unterdrückung geraten.«

So viele jesidische Frauen und Mädchen waren nahezu

ungebildet. Was wir brauchten, war Wissen. Ein paar Tage später erzählte ich Sozan, dass ich wieder in die Schule gehen wollte. Ich wollte immer noch Medizin studieren, musste aber zuerst meinen Schulabschuss machen. Manche Regierungen, sagte sie mir, darunter auch die deutsche, nahmen Mädchen wie mich auf, halfen uns bei unseren psychologischen Problemen und boten Bildungsmöglichkeiten an. Ich antwortete, dass ich darüber erst nachdenken müsse. Ich wollte meine Familie nicht verlassen, noch nicht. Ein Teil von mir wusste, dass meine Mutter, mein Vater und meine Brüder getötet worden waren. Aber ein anderer Teil musste einfach fest daran glauben, dass sie noch lebten. Eivan und Samira waren bei uns eingezogen. Meistens wurde es mir ganz warm ums Herz, wenn ich ihnen dabei zusah, wie sie miteinander knuddelten und redeten. Doch gelegentlich nagte auch etwas tiefer Liegendes und Hässlicheres an mir. In diesen Momenten fehlte es mir, Eivan so nah zu sein. Schließlich war er während der ganzen Zeit unserer Gefangenschaft mein Rettungsanker gewesen. Aber in Eivans Augen war ich nun wieder seine Tante.

Auch wenn ich immer noch schnell müde wurde, suchte ich mir ständig irgendwelche Beschäftigungen. Ich ging mit Khudher und Majida einkaufen oder besuchte Neuankömmlinge. Ich half Sozan dabei, gespendete Lebensmittel in Taschen und Kisten zu packen, die an Khalsa Aid gingen. Jede Woche wurde das Lager größer, weil immer mehr Jesiden ihren Weg zu uns fanden. Jeden Tag kamen mehr traumatisierte Mädchen und Frauen an.

Das Grün kehrte zurück, als die Bäume neue Blätter hervorbrachten und das Gras zu sprießen anfing. Bald füllte der Duft von Rosen- und Orangenblüten das Lager.

Ich traf mich oft mit Sozan und Sara, die mir klarmachten, dass Heilung eine Selbstfindungsreise war. »Dämonen jagen uns nur dann Angst ein, wenn sie im Verborgenen bleiben«, erklärte Sara. »Heilung ist, als würde man eine Zwiebel schälen, auf der Suche nach den Dämonen, die uns am Weiterkommen hindern. Sobald man einen aufgespürt hat und losgeworden ist, taucht hinter ihm ein weiterer auf. Aber irgendwann treffen die Tapferen und Entschlossenen schließlich auf Liebe und Licht.«

Mit jedem Teil meiner Geschichte, den ich für sie ausgrub, spürte ich, wie mich die Dunkelheit Stück für Stück verließ.

Eines Nachmittags fragte mich Sozan, ob ich bereit wäre, mit den jesidischen Frauen und Mädchen zu sprechen, die zurückgekommen waren. Viele waren in demselben Zustand wie ich bei meiner Ankunft im Lager: verloren, voller Scham, verwirrt und schmerzerfüllt. Keine von ihnen wollte zunächst darüber reden, was ihr widerfahren war.

Ich antwortete ihr, dass ich noch nicht so weit sei. Ich

würde immer noch Hass und Wut verspüren und mich oft fragen, warum ich überlebt hatte, wenn doch noch so viele Menschen vermisst oder tot waren. Warum verdiente ich es mehr zu leben als sie?

»Vielleicht ist es an der Zeit, dass du Lalisch besuchst und mit Baba Sheikh die Zeremonie durchführst, um dich von deinen Leiden zu befreien. Du kannst auch deine Familie ehren«, schlug Sara vor. »Im Laufe unserer Geschichte haben Frauen und Mädchen immer wieder mit Schmerz gelebt, Badeeah. Geh nach Lalisch und stelle eine Verbindung zu ihnen her.«

Trotz Saras Worten plagten mich Schuldgefühle. Schließlich, nachdem wieder den ganzen Tag negative Gedanken an mir genagt hatten, betete ich zu Khatuna Fakhra.

Als ich fertig war, war es im Wohnwagen stockfinster. Draußen war es Nacht geworden. Doch ich konnte immer noch die Stimmen spielender Kinder hören und eine Mutter, die ihrem Sohn zurief, dass er zum Essen kommen solle. Ein Säugling weinte. Zwei Frauen zankten sich um etwas, das ich nicht ausmachen konnte.

Als ich mich schlafen legte, hörte ich die Stimme meiner Mutter. »Träume wieder, Badeeah. Sei klüger und kämpferischer, als du es je gewesen bist. Liebe ist die größte Waffe gegen den Hass.«

Am nächsten Morgen fiel mir auf dem Weg zu meiner ehrenamtlichen Arbeit im Bekleidungsladen auf, dass sich etwas geändert hatte. Statt nur Kummer und Entsetzen in den Augen der Kinder und Frauen zu sehen, an denen ich vorbeikam, entdeckte ich jetzt Hoffnung. Ich hatte nur die Dinge betrachtet, die wir verloren hatten. Jetzt schwor ich mir, die Dinge zu feiern, die uns noch geblieben waren. »Unsere Liebe ist größer als euer Hass«, sagte ich, zuerst leise und dann kraftvoller. Leute, an denen ich vorbeiging, starrten mich an, aber ich wiederholte den Satz immer wieder wie ein Mantra. »Unsere Liebe ist größer als euer Hass.«

Noch am selben Nachmittag sprach ich mit meiner ersten Gruppe von zurückgekehrten Jesidinnen. Zuerst war ich nervös. Die Frauen und Mädchen konnten mir nicht in die Augen sehen. Sie drängten sich eng zusammen. Ihr innerstes Wesen schien anderswo zu sein und trieb auf einer gewaltigen See dahin. Ich wusste, was sie durchgemacht hatten. Und ich war fest entschlossen, ihnen den Anker zuzuwerfen, den sie brauchten, um den Weg nach Hause zu finden. Dieser Anker bestand darin, ihnen zu versichern, dass sie nicht allein waren, dass man sie mit offenen Armen wieder aufnehmen würde, und vor allem, dass man sie liebte.

Danach traf ich mich jede Woche mit den Neuankömmlingen, vertraute ihnen meine Geschichte an und lauschte ihren, auch wenn nur wenige zu erzählen bereit waren, was sie durchgemacht hatten, selbst mir.

Kapitel vierundzwanzig

Freiheit

Nach einem unserer Treffen mit einer Gruppe von Mädchen und Frauen erzählte mir Sozan, dass sie als Übersetzerin für ausländische Medien arbeite. CNN, BBC und *The New York Times* wollten Frauen interviewen, die vom Daesch verschleppt worden waren. Außer meiner Cousine Nadia, die im selben Lager lebte wie ich, waren nur wenige Mädchen und Frauen bereit, ihre Geschichte zu erzählen. Wäre ich so weit, über meine zu sprechen?, fragte Sozan.

Zuerst zögerte ich. Wir Jesiden sind dazu erzogen, unser Privatleben für uns zu behalten. Unsere Ältesten glaubten, dass es zum ersten Genozid an unserem Volk kam, nachdem wir unsere Spiritualität und unseren Mystizismus mit Nichtjesiden geteilt hatten. Unsere Feinde hatten Angst bekommen oder waren eifersüchtig auf unsere Macht und unsere Kontrolle geworden. Mit der Zeit begannen die Jesiden, sich nur wenig bis gar nicht mit der Außenwelt auszutauschen. Unsere Zurückgezogenheit schützte uns, zumindest glaubten wir das.

Nur ein paar Tage zuvor hatte Helly Luv eine neue Single mit dem Titel »Revolution« herausgebracht. Majida hatte mich zum Elektroladen geschleppt, damit wir sie uns im Radio anhörten.

Während Sozan auf meine Antwort wartete, sang ich den Refrain des Songs stumm vor mich hin. Nach ein paar Sekunden wusste ich, was ich tun würde. Tapfer zu sein bedeutete, sich seinen Ängsten zu stellen, wie Mayan Khatun es getan hatte. Die Welt musste erfahren, was den Jesiden zugestoßen war. Die Zeiten waren vorbei, in denen es uns schützte, unsere Kultur geheim zu halten.

Die erste Journalistin, mit der ich sprach, war eine Kurdin, die für eine Lokalzeitung schrieb. Ich konnte mich mit ihr auf Shingali unterhalten. Ihre Fragen drehten sich um das Massaker von Kodscho. Ich weinte, als ich erzählte, wie der Soldatenjunge uns aus der Stadt gefahren hatte, während ich den Blick fest auf die Tür meines Hauses gerichtet gehalten hatte. Aber sie fragte mich nicht, was in Aleppo passiert war.

Darauf folgte ein Interview mit einer Zeitung aus dem Nahen Osten. Es überraschte mich selbst, wie wohl ich mich in der Vertreterinnenrolle fühlte. Meine Bedenken darüber, in der Öffentlichkeit zu sprechen, lösten sich schnell in Luft auf.

Doch dann kam eine englischsprachige Frau mit stroh-
blonden Haaren und leuchtend blauen Augen in den
Wohnwagen, in dem die Interviews stattfanden.

Mein Körper versteifte sich und mein Magen zog sich
zusammen. Ich unterdrückte den Drang, aus dem Raum
zu rennen.

»Sind Sie Amerikanerin?«, stammelte ich.

»Ja«, antwortete die Frau.

Sie hatte denselben Akzent wie al-Amriki. Meine Knie
zitterten unter dem Tisch.

Die amerikanische Journalistin fing an, mir Fragen zu
stellen. Ich betete mechanisch die Antworten herunter.
Al-Amrikis Gesicht und das der blonden Frau auf seinem
Computer blitzten jedes Mal vor mir auf, wenn die Journalistin sprach.

»Kannst du ihr mehr über den Mann in Aleppo erzählen, der dich gekauft hat?«, fragte Sozan, die für die Journalistin dolmetschte. Auf Kurdisch fügte Sozan hinzu, dass
ich nicht über meinen Entführer reden musste, wenn es
mir zu schwer fiel.

Auch wenn ich Sozan, Sara und Majida so gut wie alles
über meine Gefangenschaft erzählt hatte, hatte ich ein
wichtiges Detail weggelassen: dass der Mann, der mich
gefangen gehalten hatte, Amerikaner war. Ich hatte nie
den Begriff *al-Amriki* benutzt, um ihn zu beschreiben. Ich
wusste nicht, warum. Vielleicht fand ich es immer noch zu

schwierig, miteinander zu vereinbaren, dass eine Nation, zu der ich aufgeblickt hatte, weil sie Freiheiten gewährte, sie auch wegnehmen konnte.

»Er war wie Sie«, sagte ich zu der Journalistin.

Nachtigall. Ich hörte eine Nachtigall singen.

Der Tag wurde jedoch nicht zur Nacht, wie es am fünfzehnten August mit dem Sandsturm passiert war. Draußen war weiterhin strahlender Sommer.

»Er war einer von euch«, wiederholte ich.

Die Journalistin sagte etwas zu Sozan. »Sie versteht dich nicht«, übersetzte Sozan. »Was meinst du mit ›Er war einer von euch‹?«

»Er war Amerikaner«, erwiderte ich. »Al-Amriki. Er war wie sie.« Ich zeigte auf die Journalistin. »Er war weiß. Er redete am Computer mit einer Frau. Sie hatte ein Baby.«

Die Journalistin sprach schnell mit Sozan.

»Kannst du ihr noch mehr über ihn erzählen?«, übersetzte Sozan.

»Ja«, sagte ich und hob dabei die Stimme. In mir wuchs Selbstvertrauen. »Ich habe die Gespräche belauscht, die al-Amriki mit den Soldaten geführt hat, die ihn besuchten.« Jetzt wollte ich Gerechtigkeit. Wenn ich dabei helfen konnte, den Daesch aufzuhalten und unsere vermissten Mädchen und Frauen zu finden, würde ich es tun.

»Sie nannten ihn den Scheich von Aleppo«, fuhr ich fort. »Ich habe seine Pläne, die Pläne des Daesch für Syrien mit angehört. Jeden Tag oder jeden zweiten Tag kamen neue Waffen an. Al-Amriki schien das Sagen zu haben, welche Waffen der Daesch kaufen würde.«

Die Journalistin bat mich zu warten, während sie einen Anruf tätigte. Ein Zeichner, der die Journalistendelegation begleitete, gesellte sich kurz darauf zu uns, und ich beschrieb ihm al-Amrikis Erscheinung, soweit ich mich erinnern konnte. Jedes furchterregende Detail seines Gesichts war in mein Gedächtnis eingebrannt. Als die Zeichnung fertig war, zitterte ich. Die Ähnlichkeit war groß, außer dass der Zeichner meinen Entführer größer erscheinen ließ, als er in Wirklichkeit war. Etwas in mir wurde leichter. Ich fühlte mich von einer Last befreit.

Jetzt, da sein Bildnis auf ein Stück Papier gebannt war, kam es mir so vor, als stecke al-Amriki nicht mehr tief in mir drin.

Ich besuchte Navine im Kabarto-Flüchtlingslager. Sie hatte mir gefehlt, aber sobald ich sie erblickte, überfiel mich Traurigkeit. Ich spürte, wie alle Fortschritte, die ich bisher bei meiner Genesung gemacht hatte, wieder zerstört wurden. Sie zu sehen, brachte das ganze Martyrium zurück, von der Prügel und den Mädchen, die in Rakka verkauft wurden, bis zu unserer Gefangenschaft und dem Missbrauch in Aleppo.

Ich wusste, dass uns immer etwas verbinden würde. Doch für ein Wiedersehen mit Navine war es noch zu früh.

Als ich zum Rwanga-Lager zurückkehrte, ging ich sofort zu Sozans Büro. Ich wollte sie fragen, ob das, was während meines Besuchs bei Navine passiert war, normal war. Sie sagte Ja und dass ich möglicherweise mein ganzes Leben lang solche Rückblenden haben würde. Irgendwann würde ich sie aber als das begreifen, was sie waren: Erinnerungen an eine Vergangenheit, die hinter mir lag.

Wie sich herausstellte, hatte Sozan nach mir gesucht, während ich weg war. Die Internationale Organisation für Migration sei daran interessiert, mich in die USA zu fliegen, damit ich dort über den Völkermord an den Jesiden sprach, erklärte sie. Auch die Fernsehstation CNN wollte mich in ihr New Yorker Studio einladen, falls ich die Reise antrat. Die amerikanische Regierung durchforstete ihre Akten nach al-Amriki, hatte aber bisher nicht herausfinden können, wer er war.

Über diese Anfrage musste ich nicht nachdenken. Ich stimmte sofort zu, nach Amerika zu gehen. Ich wollte, dass die Menschen dort vom Schicksal der Jesiden erfuhren.

Für meine Reise in die USA brauchte ich neue Identifikationspapiere und einen Reisepass.

Während ich darauf wartete, dass die Dokumente ausgestellt wurden, kam das Ende der Vierzig Tage im Sommer immer näher. Seit der feindlichen Übernahme von Kodscho war beinahe ein Jahr vergangen.

Majida, Khudher, Samira und ich beschlossen, nach Lalisch zu fahren, um zu beten. Wir wollten das Leben unserer Familienmitglieder ehren, die immer noch vermisst oder mutmaßlich tot waren. Ich hatte auch die Absicht, an dem Ritual teilzunehmen, das Baba Sheikh zusammen mit unserem nächsthöheren geistlichen Oberhaupt Baba Chawusch durchführte, um uns zu helfen, über die psychologischen Folgen unserer Verschleppung hinwegzukommen.

In der Vergangenheit waren unsere Wallfahrten nach Lalisch wie Feste gewesen, bei denen wir uns zu Dutzenden in ein paar Autos quetschten. Wir bereiteten Essen zum Mitnehmen vor und verbrachten viel Zeit damit, uns zurechtzumachen, zu singen und uns auszumalen, wie wir tanzen würden.

Diesmal jedoch war es eine ernste Angelegenheit. Unser Transportmittel war ein öffentlicher Bus. Unsere einzigen Leckereien waren Pralinen, die wir auf dem Weg aus dem Flüchtlingslager im Süßigkeitengeschäft kauften. Khudher ging für uns in den Laden. Ich konnte den Anblick der Süßigkeiten nicht ertragen. Sie erinnerten mich zu sehr an Nafaa und unsere Gefangenschaft.

Als sich der Bus Lalisch näherte, fing Khudher an zu weinen.

Majida rutschte neben ihn und ich setzte mich auf seine andere Seite. Wir strichen ihm über den Rücken und verschränkten unsere Finger mit seinen, während wir darauf warteten, dass er etwas sagte.

»Ich war bei den Männern ... Ich wurde mit den Männern gefangen genommen«, presste er schließlich heraus. Meine Lippen fingen an zu beben. Nach diesen ganzen friedvollen Monaten sträubte sich ein Teil von mir dagegen, dass mein Bruder darüber redete, was ihm widerfahren war.

»Unser Großonkel Saleh, der Bruder von *dake*, war bei mir«, fuhr er fort. »Der Daesch führte uns aus der Stadt zum *sur*.« Der *sur* war der Ort, an dem wir Lehm holten, um Backsteine für unsere Häuser herzustellen. Ganz gleich, wie trocken unsere Sommer waren, der *sur* war immer schlammig, der Boden ein flacher Wassertümpel.

»Dann tauchte ein großer Mann auf. Größer als die anderen.«

Ich erschauderte. »In einer braunen Dischdascha?«, unterbrach ich ihn. Khudher nickte. Der Mann musste der Saudi aus dem Klassenzimmer gewesen sein.

»Daesch-Soldaten befahlen uns, auf die Knie zu gehen und die Köpfe zu senken. Wir waren bestimmt um die vierzig Männer und Jungs. Der große Mann befahl seinen Soldaten zu schießen. Ich wurde hier getroffen.« Khudher hob sein Hemd an und zeigte Majida und mir die Narbe: rot und wund, doch sie heilte.

»Du hast uns gesagt, du hättest diese Wunde von einem Sturz«, flüsterte Majida.

»Saleh wurde schwer verletzt, aber er befahl mir, mich tot zu stellen. Er rollte sich auf mich, um mich mit seinem Körper zu verstecken. Ich hörte Frauen und Mädchen schreien, als die Wagen und Laster euch wegbrachten. Als ich dann nichts mehr hörte, schob ich Salehs Körper von mir herunter. Keche aus unserem Dorf war auch noch am Leben, und Elias, der Doktor. Zu dritt schafften wir es bis zum Sindschar-Gebirge. Wir versteckten uns dort, bis wir uns sicher fühlten.« Mit geschlossenen Augen nahm ich das alles auf. Mein Herz stach vor Schmerz.

»Bevor wir zu Fuß nach Kurdistan liefen«, sagte Khudher, »kehrten wir nach Kodscho zurück. In den Häusern gab es nichts mehr zu essen. Die Daesch-Leute hatten alles, was sie verkaufen konnten, durchwühlt und gestohlen. Sie hatten das reinste Chaos zurückgelassen: aufgerissene Sofas und Kissen, aus den Angeln gehobene Küchenschranktüren, verstreute Kleidung. Elias, Keche und ich liefen als Nächstes nach Piske und suchten Jasim Abdulahs Haus auf. Er kam an die Tür, ließ uns aber nicht herein. Er weinte und sagte, dass er uns nicht helfen könne.« Kopfschüttelnd presste Khudher hervor: »Diese Männer waren nicht nur unsere Freunde, sie waren wie Familie. Sie hätten das alles aufhalten können.«

Genau wie Abu Anwar war Jasim bei vielen Leuten in Kodscho beliebt gewesen. Er hatte meinen Vater Hassan besucht, in unserem Gastraum gebetet, unser Essen gegessen und Adlans Tee getrunken. Ich ballte die Hände zu Fäusten. Ich war auch auf diese Männer zutiefst wütend.

Bei vergangenen Wallfahrten nach Lalisch herrschte bei unserer Ankunft immer eine Kakofonie von Geräuschen: Flötenmusik, Rahmentrommeln und Tamburs, das fröhliche Kreischen von Kindern und wiedervereinten Familien, Männer, die einander beim Ausladen von Essen und Vorräten halfen, knisternde Lagerfeuer.

Nicht diesmal. Nicht ein Jahr nach dem Massaker an unserem Volk.

Wie es zu meiner Gewohnheit geworden war, ließ ich den Blick über die Gesichter der Menschen schweifen, die in Lalisch angekommen waren, auf der Suche nach Nafaa, Fallah, Adil, Hassan, Hadil ... und Adlan.

Majida reichte mir ein *çira*. Ich zündete es an und folgte ihr und Khudher in den Haupttempel, in dem das Grab des Mystikers Scheich Adi aus dem zwölften Jahrhundert lag. In Gedanken hatte ich diesen Ort während meiner Gefangenschaft viele Male besucht. Jetzt hatte ich das Gefühl, nach Hause gekommen zu sein.

Nachdem wir uns in der Sonne ausgeruht hatten, begleitete mich Majida zu einer privaten Audienz mit Baba Sheikh und Baba Chawusch. Ich war nervös. Was wäre, wenn sie mir sagten, dass ich die Gemeinschaft verlassen musste? Ich streckte die Hand aus und ergriff Majidas Arm. Leise erinnerte sie mich: »Khatuna Fakhra.«

Die Mienen der beiden geistlichen Oberhäupter waren ernst. Baba Chawusch fragte mich nach meiner Familie und wollte wissen, wer mich hierherbegleitet hatte.

»Badeeah«, sagte er dann, »deine Seele schreitet fort. Hass ist nur ein Stein auf deinem Weg zur vierten Bewusstseinsebene, der fortgeschrittensten Stufe oder Engelsstufe. Deine Liebe ist stärker als Hass.«

Ich fing an zu weinen und schluchzte wie ein Baby.

Baba Chawusch beugte sich vor. »Mein liebes Mädchen, du hast nichts falsch gemacht. Du brauchst keine Vergebung. Bleib mit der guten Kraft des Universums verbunden. Mit der Zeit wirst du heilen und erneut die Kraft des Guten spüren, die dich durchströmt.«

Anschließend beteten wir zusammen.

Nach der Audienz begleitete mich Baba Chawusch zur Weißen Höhle, in der sich schon ein paar Tempelhüterinnen versammelt hatten, die Mädchen und Frauen, die ihr Leben der Spiritualität, Lalisch und dem Fortschreiten ihrer eigenen Seele widmen. Auf Baba Chawuschs Anweisung kniete ich mich hin. Ich tauchte die Hände ins Wasser der heiligen Quelle, fuhr mir übers Gesicht und benetzte meine Haut. Die Tempelhüterinnen spritzten mich mit Wasser voll, während Baba Chawusch ein weiteres Gebet sprach.

Für den letzten Teil der Zeremonie musste ich ein weißes Kleid anziehen, dessen Stoff aus demselben Baum gemacht war wie der für die Gewänder von Baba Sheikh und
den Tempelhüterinnen – derselbe Stoff, in den wir auch
unseren *berat* einwickelten. Der Gürtel, den sie mir gaben,
war rot und stand für Liebe.

Zuerst spürte ich nichts.

Aber dann hatte ich wie aus dem Nichts eine Vision. Ich
sah Adlan. Sie stand vor mir, war weiß gekleidet und trug
diesmal einen roten Gürtel wie ich. Sie streckte die Hände
nach mir aus, und in dem Moment wusste ich, dass Khatuna Fakhra die ganze Zeit an meiner Seite gewesen war.
Sie hatte mich in der Gestalt eines Schmetterlings geleitet,
als ich mich als kleines Mädchen in Lalisch verirrt hatte.
Sie war meine Mutter, Navine, meine Schwestern und alle
Frauen und Mädchen, die der Daesch verschleppt hatte.
Sie verkörperte uns alle und wachte zugleich über uns.

Khudher und Majida hatten unter einem großen Maul-
beerbaum einen Platz zum Essen und Schlafen für uns her-
gerichtet. Samira kochte Teewasser. Eivan spielte mit seinem Fußball. Als ich von der Weißen Höhle zurückkehrte,
kam er auf stämmigen Beinchen zu mir gerannt, die von
Samiras Liebe und ihrer Küche allmählich wieder fett wurden. Ich setzte mich auf einen Stein und zog ihn auf meinen Schoß.

»Vielleicht ist es Zeit für eine Geschichte«, sagte ich. »Soll ich dir erzählen, wie Samarans Geschichte endet?«

Eivan nickte eifrig.

»Die Männer des Königs finden also Samaran, die Schlange«, fing ich an. »Sie erzählt ihnen, dass der König ihren Schwanz essen müsse, um ihre Unsterblichkeit und Weisheit zu erben. Esse er aber ihren Kopf, würde er sterben. Doch es ist ein Trick. Als die Männer Samaran töten und der König ihren Schwanz isst, stirbt er. Als Tasmasp mit gebrochenem Herzen auf ihren Leichnam stößt und glaubt, er hätte ihren Tod verursacht, isst er ein wenig von ihrem Kopf, weil er sterben möchte. Er hat das Gefühl, sie verraten zu haben. Aber weißt du was?«

»Was?«, fragte Eivan. Seine Augen tanzten im Schein der umliegenden Lagerfeuer.

»Er ist nicht gestorben. Am Ende war es Tasmasp, der unsterblich wurde und Samarans Weisheit erbte. In ihrer Liebe für Tasmasp lebte Samaran weiter. Manche glauben, dass Tasmasp noch am Leben ist und als Arzt arbeitet und Menschen heilt.«

Eivan und ich verstummten und lauschten dem Gesang ein paar älterer Frauen. »Eivan«, flüsterte ich nach einer Weile. »Samaran ist keine jesidische Geschichte. Ich erzähle dir etwas, woran wir glauben.« Er nickte.

»In Lalisch betreten wir den Tempel, in dem sich Scheich Adis Grab befindet, durch das Tor des Mir«, begann ich. »Wenn du dich erinnerst, befindet sich neben der Tür die Nachbildung einer riesigen schwarzen Schlange. Vor sehr langer Zeit erlebte die Menschheit eine Sintflut. Ein Schiff wurde gebaut, und Noah brachte jeweils ein Paar von jeder Tierart an Bord, um sie zu retten. Das Schiff hatte aber ein Loch. Es begann zu sinken wegen eines winzigen Lecks, doch eine schwarze Schlange versiegelte das Loch mit ihrem Körper. Weil sie die Welt gerettet hat, töten wir die schwarze Schlange nicht.«

Eivan war zu jung, um zu begreifen, dass in Aleppo meine ganze Hoffnung aus einem Riesenloch in mir heraussickerte. Ich hatte beinahe aufgegeben, was uns beide zum Sinken brachte. Auch jetzt noch wogen meine Gedanken manchmal so schwer, dass sie mich beinahe ertränkten. Aber ich war fest entschlossen, ein von Licht erfülltes Leben zu leben und mich von der Liebe aus jeglicher Dunkelheit hin zum Licht führen zu lassen. So gewinnen wir. Liebe ist die Waffe, mit der wir unsere Feinde besiegen.

Epilog

Eine Höhle in den Wolken basiert auf den wahren Erlebnissen von Badeeah Hassan Ahmed. Beim Erzählen der Geschichte haben wir uns jedoch einige dichterische Freiheiten erlaubt. So haben wir unteren anderem Dialoge nachgebildet, mehrere Personen zu einer Figur zusammengefasst und für Leserinnen und Leser Ereignisse vereinfacht.

Nachdem Badeeah gefangen genommen und in Solagh von ihren Schwestern und ihrer Mutter getrennt wurde, erkannte sie ein entfernter Verwandter in Tal Afar. Dieser Verwandte, der zum Islam übergetreten war, erzählte dem Daesch, dass Badeeah die Frau seines Sohnes und Eivan sein Enkel sei. Badeeah und Eivan lebten etwa einen Monat lang bei ihm, bevor sie erneut von Daesch-Kämpfern aufgegriffen wurden. Badeeah war achtzehn, als man sie verschleppte.

Das Gebäude in Rakka, das in der Geschichte beschrieben wird, ist eine Kombination aus mehreren Standorten, an denen Badeeah gefangen gehalten wurde. In den Städten und Dörfern, die Daesch-Kämpfer eroberten, benutzten sie Häuser, Schulen und Fabriken als Gefängnisse für ihre *sabaya*. Bevor Badeeah und Eivan an al-Amriki verkauft wurden, waren sie in verschiedenen anderen Städten und Ortschaften versklavt. Manchmal hielt man sie in Häusern mit nur wenigen anderen Frauen und Mädchen fest. Andernorts waren Badeeah und Eivan mit Hunderten von Jesiden zusammengepfercht.

Badeeah traf die Wache, die sie zu retten versuchte, in Solagh, nicht in Rakka.

Navine ist eine reale Person, allerdings wurde ihr Name zum Schutz ihrer Identität geändert. Sie und Badeeah lernten sich an einem der Orte im Irak, nicht in Rakka kennen. Ihre gemeinsamen Erlebnisse und die Bande, die sie während ihrer Gefangenschaft geknüpft haben, entsprechen der Wahrheit.

Nezar, der Menschenschmuggler, starb leider kurz nach Badeeahs Rettung. Sie wurde darüber informiert, dass er in der Gewalt des Daesch starb, der die Rettungsoperationen unterwandert hatte.

Hadil und Majida sind als Figuren aus mehreren von Badeeahs Schwestern und deren Charaktereigenschaften zusammengesetzt.

Badeeahs Mutter, ihr Vater und alle ihre älteren Brüder, einschließlich Adil und Fallah, sind immer noch vermisst. Ebenso Nafaa. Im Irak wurden Massengräber entdeckt, darunter auch eins in Kodscho, in dem etwa siebzig Leichen lagen. Ein weiteres Massengrab wurde in Solagh gefunden. Die Menschen in diesen Gräbern müssen noch identifiziert werden.

Heute lebt Badeeah mit Eivan und seiner Mutter Samira in Deutschland. Sie macht eine Pflegeausbildung. Es ist ihr Traum, Krankenschwester oder Ärztin zu werden, um ihrem Volk zu helfen.

Danksagung

Von Badeeah

Ich möchte Sozan Fahmi danken. Ohne sie hätte ich meine Geschichte nicht übertragen können. Du bist meine beste Freundin und Vertraute und ich schulde dir so viel. Ich möchte auch den Stiftungen Jinda und WADI danken, die nicht nur mir, sondern auch sehr vielen anderen jesidischen Mädchen und Frauen geholfen haben. Ich danke Khalsa Aid, dass sie mir die Gelegenheit gegeben haben, für sie zu arbeiten und nach meinem Martyrium mit dem IS einen neuen Lebenssinn zu finden. Danke, Deutschland, dass du deine Grenzen für mich und alle Jesiden, die von Völkermord bedroht sind, geöffnet hast. Mein besonderer Dank gilt Manuela Zendt, Claudia Pfister, Frau Windthorst, Dr. Ziecher, Dr. Michael Blume, Prof. Dr. Dr. Jan Kizilhan und Dr. Mirza Dinnayi.

Ich danke *Marie Claire* UK, die als Erste meine Geschichte veröffentlicht hat; meinem Bruder und meinen Schwestern, die überlebt haben und mich jeden Tag aufs

Neue anspornen und leiten; Dakhil Shammo und Imad und Fawaz Farhan, die unschätzbar wertvolle Informationen und Übersetzungen bereitstellten und großes Verständnis für meine Geschichte und die des jesidischen Volkes zeigten.

Ich danke meiner Cousine Nadia Murad dafür, dass sie das Buch gelesen und gutgeheißen hat, sowie Nafiya Naso für das Vorwort zum Buch.

Darüber hinaus gilt mein Dank der echten »Navine«, ohne die ich meine Zeit mit dem IS nicht überlebt hätte. Mit ihrer Hilfe wurden Eivan und ich gerettet. Ich schulde ihr mein Leben.

Ich danke den Ältesten, meiner gesamten Gemeinde und vor allem der Energie von Khatuna Fakhra. Ich danke dem jesidischen geistlichen Führer Baba Sheikh: Ohne Ihre Entscheidung hätten gerettete Mädchen wie ich nicht den Mut gefunden, zurückzukommen und sich wieder in die Gemeinschaft einzugliedern.

Ich möchte den Menschenschmugglern danken, die mir geholfen haben, dem IS zu entkommen, vor allem Nezar, der sein Leben geopfert hat, um jesidischen Mädchen und Frauen zu helfen. Er wurde, kurz nachdem er mich gerettet hatte, getötet.

Allen Menschen, die den Jesiden geholfen haben – ich danke euch.

Zum Schluss möchte ich Susan McClelland dafür danken, dass sie mit mir gemeinsam das Buch geschrieben hat, und Annick Press für die Veröffentlichung meiner Geschichte. Danke an alle Leserinnen und Leser, die sich die Zeit genommen haben, ein wenig mehr über die Schönheit des jesidischen Volkes und unseren unerschütterlichen Mut zu erfahren.

Von Susan

Dieses Buch wäre ohne die großzügige Unterstützung von Sozan Fahmi, die mit Khalsa Aid und den Nicht-Regierungsorganisationen WADI (Association for Crisis Assistance und Development Cooperation) und Jinda in Dohuk, Kurdistan, zusammenarbeitet, nicht möglich gewesen. Seit Badeeahs Rettung aus der Gewalt des Daesch sind sie und Sozan enge Freundinnen geworden. Gemeinsam haben Sozan und ich viele schwierige Situationen und Rückschläge bei der Veröffentlichung der Geschichten jesidischer Frauen erlebt. Unermüdlich hat Sozan mich angespornt, nicht aufzugeben.

Dakhill Shammo und Nasir Kiret leisteten einen großen Beitrag, indem sie die Politik, die zur Daesch-Invasion des Irak führte, näher erläuterten und mir halfen, Leben und Kultur der Jesiden zu verstehen. Ich danke euch!

Die Beiträge von Imad Farhan und seinem Vater, dem geschätzten jesidischen Autor Fawaz Farhan, ermöglichten im Buch Einblicke in die Spiritualität der Jesiden. Das Vertrauen, das sie in mich legten, und die Einsichten, die sie zur Verfügung stellten, waren von unschätzbarem Wert und werden nur selten gewährt. *Eine Höhle in den Wolken* ist eines von nur wenigen Büchern, die einen kleinen Einblick in eine der ältesten Religionen und Kulturen der Welt geben. Die Weisheit der Jesiden, ihr Mystizismus, ihre Ausgewogenheit zwischen männlicher und weiblicher Energie und ihr Glaube, dass Liebe in uns und im Universum allgegenwärtig ist, muss erhalten bleiben.

Alle islamischen Verweise wurden auf ihre Richtigkeit überprüft und vom Gelehrten Khalid Aboulela abgesegnet. Ich bedanke mich vielmals bei meinem lebenslangen Freund und Berater.

Mein Dank gilt auch Nafiya Naso für ihr aufschlussreiches und verständnisvolles Vorwort. Operation Ezra leistet unverzichtbare Arbeit bei der Bewältigung der Notlage, in der sich das jesidische Volk befindet.

Danke an Brooks Newmark und Nazim Baksh für ihre Hilfe beim Faktencheck der Einzelheiten zum Krieg in Syrien.

Ich möchte auch Rick Wilks und dem Team bei Annick Press danken. Rick ist seit Jahren ein treuer Verfechter dieser Art von kreativer Sachliteratur, weil er weiß, wie wichtig und einflussreich die Vermarktung und Veröffentlichung von erzählenden Tatsachenberichten wie diesem hier sind, die junge Leserinnen und Leser überall auf der Welt berühren und informieren. Für meine aufmerksame Lektorin Barbara Pulling, mit der ich auch an *Das Mädchen ohne Hände* zusammengearbeitet habe, kann ich nur Lob und

Bewunderung aussprechen. Zu meinen Kindern sage ich immer: Lob ist etwas Wundervolles, aber Kritik ist besser. Ehre die Person, deren Aufgabe es ist, dir zu helfen, das zu erkennen, was du nicht sehen kannst. Barbara, du nimmst meine Worte und diese Geschichten und machst etwas Großartiges daraus.

Auch dem Ontario Arts Council möchte ich für seine großzügige Unterstützung danken.

Und schließlich, Badeeah. Was soll ich sagen? Für mich bist du eine Schwester, eine Freundin, eine Seelenmentorin. Du gehörst wahrlich zu den außergewöhnlichen, den aufgeklärten Menschen dieser Welt. Die Größe deines Herzens und deine Großzügigkeit beschämen mich und erinnern mich an das Gute, das die dunkelsten Seiten der Menschheit besiegen kann. Die ganze Welt sollte zum Rhythmus deines Herzens tanzen!

DIE AUTORINNEN

BADEEAH HASSAN AHMED erzählt in diesem Buch ihre Geschichte. Sie macht inzwischen eine Ausbildung. Ihr Ziel ist es, die jesidische Kultur und deren Botschaft des Friedens in die Welt zu tragen und so etwas für ihr Volk zu tun.

SUSAN ELIZABETH MCCLELLAND ist eine renommierte kanadische Journalistin. Ihre Bücher, darunter das preisgekrönte »Das Mädchen ohne Hände«, wurden in mehr als 35 Ländern veröffentlicht. Sie lebt in Toronto.

DIE ÜBERSETZERIN

In der Normandie geboren und in Franken aufgewachsen, lebt Ann Lecker seit 2007 in London. In ihrer Arbeit als Übersetzerin und Theaterpädagogin liegt ihr Schwerpunkt auf Kindern und Jugendlichen. Mit Vorliebe erkundet sie in ihrer Freizeit die Londoner Theaterszene, schwingt das Tanzbein zu amerikanischer Big-Band-Musik und probiert neue Backkreationen mit ihren Neffen aus.

Mehr über cbt/cbj auf Instagram unter @hey_reader

Wolfgang Böhmer

Hesmats Flucht

288 Seiten, ISBN 978-3-570-40300-6

Seine Mutter ist gestorben, sein Vater wurde umgebracht:
Hesmat hat keine Wahl, er muss aus Afghanistan fliehen!
Zu Fuß geht es über den Hindukusch, weiter mit dem Zug nach
Moskau und von dort in den Westen. Er landet immer wieder
in Gefängnissen, er wird bestohlen, gequält und misshandelt.
Manchmal ist er kurz davor, aufzugeben. Aber der Traum von
einem besseren Leben treibt ihn weiter ...

www.cbj-verlag.de

Deborah Ellis
Die Sonne im Gesicht –
Ein Mädchen in Afghanistan

128 Seiten, ISBN 978-3-570-21214-1

Nur als Junge verkleidet kann Parvana die Herrschaft der Taliban
überleben!
Als ihr Vater verhaftet wird, nimmt die elfjährige Parvana seinen Platz
auf dem Markt in Kabul ein. Hier hatte er den vielen Analphabeten
ihre Post vorgelesen. Wegen der restriktiven Gesetze der Taliban kann
sie sich jedoch nur als Junge verkleidet in der Öffentlichkeit zeigen.
Und begibt sich so in große Gefahr ...

www.cbj-verlag.de

30355

Hayfa Al Mansour
Das Mädchen Wadjda

ca. 304 Seiten, ISBN 978-3-570-31146-2

Die 10-jährige Wadjda wünscht sich nichts sehnlicher als das grüne
Fahrrad aus dem Laden um die Ecke. Dass Mädchen in Saudi-Arabien gar
nicht Rad fahren dürfen, interessiert den kleinen Wildfang wenig.
Einfallsreich versucht sie, sich ihren Traum einfach selbst zu erfüllen –
durch den Handel mit selbstgefertigten Armbändern auf dem
Schulhof oder den hoch dotierten Koranwettbewerb an der Schule.
Am Ende kommt zwar alles etwas anders als gedacht, aber Wadjdas
Traum geht in Erfüllung!